汪彦　吴腾　郦纲　冯兴国　余杰●著

京杭运河浙江段
航道治理过程生态保护
关键技术

河海大学出版社
HOHAI UNIVERSITY PRESS
·南京·

图书在版编目(CIP)数据

京杭运河浙江段航道治理过程生态保护关键技术 / 汪彦等著. -- 南京：河海大学出版社，2024.8.
ISBN 978-7-5630-9262-8

Ⅰ.U621.2

中国国家版本馆 CIP 数据核字第 2024CF4957 号

书　　名	京杭运河浙江段航道治理过程生态保护关键技术
	JING-HANG YUNHE ZHEJIANGDUAN HANGDAO ZHILI GUOCHENG SHENGTAI BAOHU GUANJIAN JISHU
书　　号	ISBN 978-7-5630-9262-8
责任编辑	张心怡
责任校对	卢蓓蓓
封面设计	张世立
出版发行	河海大学出版社
地　　址	南京市西康路 1 号(邮编：210098)
电　　话	(025)83737852(总编室)　(025)83722833(营销部)
经　　销	江苏省新华发行集团有限公司
排　　版	南京布克文化发展有限公司
印　　刷	广东虎彩云印刷有限公司
开　　本	718 毫米×1000 毫米　1/16
印　　张	11
字　　数	194 千字
版　　次	2024 年 8 月第 1 版
印　　次	2024 年 8 月第 1 次印刷
定　　价	72.00 元

目录
Contents

第 1 章　概述 ·· 001
 1.1　研究意义 ·· 003
 1.2　依托工程 ·· 003
 1.3　生态航道研究进展 ·· 005
 1.4　主要研究内容与技术路线 ·· 015

第 2 章　航道整治工程植生生态材料 ······································ 017
 2.1　生态混凝土的提出和分类 ·· 019
 2.2　植生型生态混凝土的特性 ·· 020
 2.3　植生型生态混凝土配合比 ·· 023
 2.4　高炉矿渣粉及其掺量对生态混凝土性能的影响 ············ 031
 2.5　炭粉及其掺量对生态混凝土性能的影响 ······················ 034
 2.6　矿粉与炭粉耦合作用分析 ·· 037
 2.7　自然降碱试验 ·· 040
 2.8　复合喷淋降碱试验 ·· 043
 2.9　生态混凝土适生材料研制 ·· 048
 2.10　典型植物生长特征 ·· 050
 2.11　小结 ·· 054

第 3 章　生态护岸结构优化研究 ··· 055
 3.1　京杭运河浙江段护岸型式 ·· 057
 3.2　浙江省其他典型内河航道护岸型式 ····························· 071

3.3 护岸型式比较分析 ……………………………………………… 077
3.4 典型护岸结构优化 ……………………………………………… 083
3.5 现场示范 ………………………………………………………… 086
3.6 小结 ……………………………………………………………… 092

第 4 章 疏浚弃土固化技术研究 ………………………………… 093
4.1 概述 ……………………………………………………………… 095
4.2 试验材料与方法 ………………………………………………… 097
4.3 水泥-钢渣高效固化疏浚土技术 ………………………………… 106
4.4 掺入生石灰的经济型固化技术 ………………………………… 124
4.5 疏浚土固化方案比选 …………………………………………… 129
4.6 示范应用 ………………………………………………………… 131
4.7 固化疏浚土经济性分析 ………………………………………… 136
4.8 小结 ……………………………………………………………… 138

第 5 章 生态航道评价体系 ………………………………………… 141
5.1 生态航道概念 …………………………………………………… 143
5.2 生态航道评价指标体系 ………………………………………… 145
5.3 权重的确定与评价结果 ………………………………………… 151
5.4 京杭运河湖州段航道生态评价 ………………………………… 157
5.5 小结 ……………………………………………………………… 159

第 6 章 结论 ………………………………………………………… 161

参考文献 ……………………………………………………………… 165

第1章
概述

1.1 研究意义

京杭运河是我国纵贯南北的内河水运主通道,是北煤南运和省际间大宗物资运输的重要通道。随着长三角地区经济的高速发展,以及近年来杭甬运河的开通和钱塘江中上游航道的初步建成,京杭运河运量的持续高速增长与航道通过能力严重不足的矛盾日益突出。为了从根本上解决京杭运河运力不足及杭州市河的通航瓶颈问题,急需实施三级航道整治工程。京杭运河三级航道整治工程按航道所在地域分为杭州段、嘉兴段和湖州段。按照属地建设的原则,由杭州、嘉兴、湖州三市政府作为项目实施的责任主体,三市交通主管部门作为项目实施的行业管理部门,并且分别成立项目业主。杭州段项目业主为杭州京杭运河二通道建设投资有限公司,嘉兴段项目业主为嘉兴市港航建设开发有限责任公司,湖州段由湖州市政府组建的京杭运河(湖州段)三级航道整治工程建设指挥部代建。

京杭运河浙江段三级航道整治工程,除了要关注传统的经济效益外,还需关注日益重要的工程生态环境效益。建设生态航道,是贯彻落实绿色发展理念,推动航道转型发展的必由之路;是贯彻落实国家生态环保要求,增强航道可持续发展的必然要求。现阶段生态航道整治存在新型成套技术较为匮乏、疏浚土的资源化利用程度比较低、水污染问题突出、生态航道评价体系不完善等问题。为了促进京杭运河建设、维护工程与生态环境的协调融合,亟须开展航道治理过程中作为技术支撑的生态技术措施研究。本书拟研究京杭运河浙江段航道治理生态保护的相关内容,提出具有针对性的关键技术,其中包括航道整治生态材料开发、生态护岸结构型式优化、航道疏浚土的固化处置、水污染问题、航道生态功能评价体系。

1.2 依托工程

京杭运河浙江段三级航道整治工程起自浙江与江苏交界处的嘉兴鸭子坝,沿京杭运河向南经乌镇、练市、新市、塘栖,再向东至博陆,沿余杭与桐乡、海宁交界处往南新辟航道,终于八堡,进入钱塘江,新建航道总里程 121.6 km。京杭运河浙江段三级航道整治工程杭州段由四改三段、八堡船闸段和新开挖航道段三部分组成。其中四改三段总长 33.9 km,线路自邵家村,经塘栖、武林头,终于谢村作业区。将杭申线和老运河两段既有四级航道改建提升为三级航道。

新建护岸约 13.3 km,加固护岸约 23.6 km,同时包括既有航道升级改造、局部桥梁提升改建等。八堡船闸段长 2.97 km,概算 23.47 亿。项目位于新开挖航道的终端及钱塘江口门处。新建三级双线船闸 1 座及九乔路大桥、下沙路管涵 630 m、八堡口门河段钱塘江海塘加固 10.7 km 等。新开挖航道段全长 23.4 km,概算 144.21 亿。线路起于余杭博陆,沿杭州市余杭区与嘉兴市桐乡市的边界往南新辟航道,先后往返穿越五个区县,其中杭州余杭区 14.63 km、钱塘新区 1.83 km、江干区 0.64 km、桐乡市 1.8 km、海宁市 4.5 km,终于八堡。新开挖段与 320 国道、沪昆普铁、沪杭铁路、沪杭高速公路、杭浦高速公路、杭州绕城公路、杭州地铁 1#线、德胜路等主要通道交叉。全线开挖土方约 1 099.3 万 m³,新建护岸约 42.7 km,加固护岸约 0.8 km,新建桥梁 20 座,新建服务区 2 处,建设远程待泊区 1 处、应急锚地 1 处。图 1.1-1 为京杭运河杭州段线位走向。

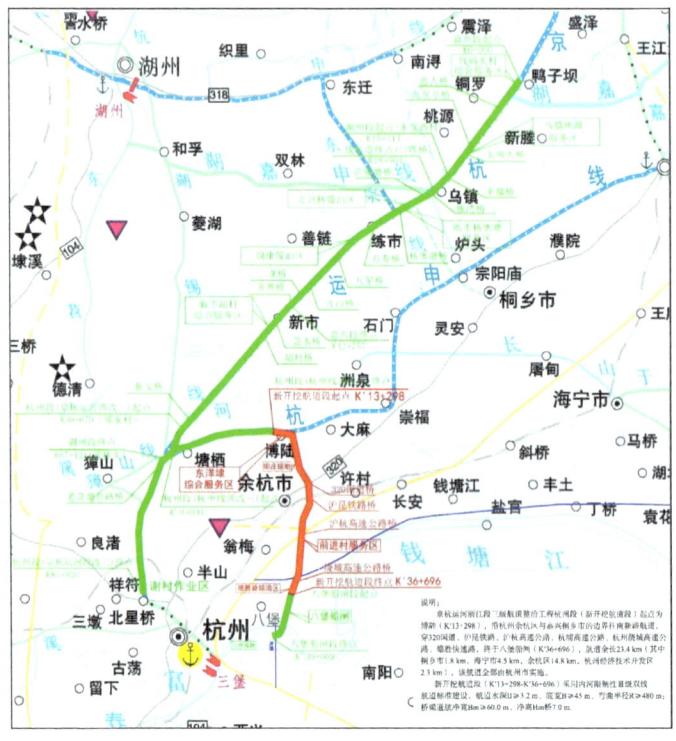

图 1.1-1　京杭运河杭州段线位走向图

1.3 生态航道研究进展

近年来,随着水运事业的发展与绿色环保理念的深入,"生态和谐"的理念被逐步引入航道工程中。国内外众多科研单位、专家学者致力于生态河流、生态航道的相关研究。相关研究方向包括:生态材料、生态护岸结构型式、疏浚土的生态处置、水污染问题、航道生态功能评价等。

1.3.1 航道治理生态材料

随着环境保护、生物多样性保持的呼声日益高涨,生态混凝土应运而生。所谓生态混凝土,是指能与植物和谐共存,对调节生态平衡、美化环境、实现人类与自然协调发展具有积极作用的混凝土。近年来,生态混凝土以其良好的生态作用得到了材料与环境科技工作者的普遍关注,成为当前的研究热点之一。

与传统混凝土相比,生态混凝土必须具备较高的孔隙率,较低的pH以满足植物生长,生态混凝土的配合比与普通混凝土的配合比存在明显差异。因此,生态混凝土的配合比首先引起了学者们的广泛关注。奚新国等[5]以粉煤灰为主要原料,以铝粉为发泡剂试制了低碱度多孔混凝土,结果表明粉煤灰掺量(质量分数)达65%~70%的混凝土,其28天的pH可降至11.50以下,90天后的pH甚至可以达到9.0~10.5,可满足生态混凝土低碱度、多孔的要求,但该方法采用铝粉为发泡剂,成本较高。王桂玲等[6]通过试验验证认为,以单位体积集料的表面积计算单位体积生态混凝土所用胶结浆体材料,根据集料体积和浆体体积计算生态混凝土孔隙率的比表面积法可用于生态混凝土的配合比设计;此外还介绍了多种降低生态混凝土碱性的方法,并建议通过多种降碱方法的综合应用以达到控制生态混凝土碱度的目的。张翔宇等[8]研究了孔隙率、水胶比、矿物掺合料等因素对生态混凝土强度、实测孔隙率、pH等性能的影响。发现随着设计孔隙率的增大,生态混凝土强度降低,实测孔隙率与设计孔隙率偏离度增加,pH有所降低;随着水胶比的增大,实测孔隙率增大,轻骨料生态混凝土强度持续降低,pH略有降低;掺入矿物掺合料后pH均有一定程度的下降。此外,王蔚等[9]提出了基于水灰比、目标孔隙率、密度和碎石孔隙等几个参数来设计生态混凝土配合比的方法,并建议根据骨料粒径采用修正系数来设计目标孔隙率的生态混凝土。

一方面,生态混凝土具有较大的孔隙率,因此其力学性能也引起了学者们的广泛关注。尹健等[10]研究了骨料粒径、水灰比、水泥含量等对生态混凝土力学性能的影响,结果表明随着骨料粒径的减小、水灰比和水泥含量的增大,生态混凝土的抗压强度有所提升,但其孔隙率都有所减小。高建明[11]分析了影响生态混凝土物理性能的主要因素以及相应的影响规律,试验结果表明,在胶凝材料流动度为180~210 mm的情况下,生态混凝土的工作性能良好,多孔混凝土的透水性与其孔隙率相关,透水性一般在1.5~3.0 cm/s之间,孔隙率一般在20%~30%之间,抗压强度在8~28 MPa之间。高建民[11]进一步对生态混凝土的基本力学性能进行研究,实验结果表明掺入矿物质外加剂不仅能改善植草混凝土的物理力学性能,同时还能降低植草混凝土中的pH,有利于动植物和微生物的生长。徐荣进[12]利用粒径在20~40 mm范围内的单一级配骨料和少量河砂,结合ZS系列生态混凝土专用外加剂制备出了强度在15 MPa以上的生态混凝土。何池全等[13]尝试以建筑垃圾为骨料制作植被生态混凝土,试块养护后其抗压强度为1.0~3.2 MPa,抗折强度为0.2~1.0 MPa,透水系数≥0.5 mm/s,混凝土块孔隙率≥20%。由此可见,生态混凝土强度明显低于普通混凝土强度。生态混凝土需要一定的孔隙率以便植物生长,这就导致其强度大幅降低。因此,设计生态混凝土应注意兼顾强度与孔隙率这两个条件。

另一方面,植物在混凝土内的生长性能作为生态混凝土的核心指标,也受到了科技工作者的广泛关注。黄海清[14]在具有一定孔隙率的生态混凝土内填充江西地区的土壤及少量肥质,研究了狗牙根、高羊茅、马尼拉等制备的发芽生长情况,结果发现狗牙根没有发芽,而高羊茅、马尼拉均发芽且生长良好,因而认为狗牙根和高羊茅这两个草种及草皮更适合在生态混凝土中生长。佟洁[15]结合北方地区的气候特征,选取了黑麦草、高羊茅和三叶草,研究其在生态混凝土中的发芽率,结果表明黑麦草和三叶草的发芽率超过90%,而高羊茅的发芽率略低于90%。李庆刚[16]结合长江中下游地区气候特征及常见植被,研究了高羊茅、黑麦草、三叶草、狗牙根等几种植物在生态混凝土中的生长性能,结果发现高羊茅在生态混凝土中的生长情况要好于三叶草在生态混凝土中的生长情况,高羊茅和狗牙根均能在混凝土试块上生长。段吉鸿等[17]结合云南红河州气候和土壤特点,系统对比了沿阶草、美人蕉、鸭跖草、香根草、狗牙根、蜈蚣草、金叶苔草、梭梭草、鬼针草等当地常见植物在生态混凝土中的生长情况和重金属离子的富集情况,结果表明鸭跖草、香根草兼具较好的生长性能和重金属离子富集效应,其次是金叶苔草、沿阶草、鬼针草、美人蕉。综合上述文献可以发现,生态混凝土所选用的植被需结合当地气候条件、常见植被、土壤特征的因素进行综合筛选,这说明生态混凝土与植物的相容性研究需结合工程实际开展研究。随着对工程生态要求的提高,近年来生态混凝土在工程中也得到了一定的应用。吴智仁等[18]将生态混凝土应用于堤岸设计,并应用于巢湖生态混凝土护堤示范工程,发现其具有良好的生态功能,可提供一种可持续的生态防护,还有助于改善周边的自然生态环境和景观。何广水等[19]提出了一种宽缝加筋生态混凝土河岸护坡技术,并已应用于长江中游干流下荆江河段河势控制工程,工程地点为湖北省监利县扬岭子和观音洲段,证明其具有护坡功能,该生态混凝土强度高、耐久性好,并且具有生态功能。吴义锋等[20]在黄浦江生态护坡中发现,在水位变动区或水位变动以上区,不同的护砌方式与植物适应性不同:球体型砌块、圆孔型砌块配以狗牙根、美人蕉、香蒲、水葱等水生植物最适宜构建黄浦江的生态护坡。由此可见,生态混凝土能够较好地应用于水利护坡工程,且具有良好的环境友好性。

总体而言,生态混凝土需具备大量连续的孔隙结构,孔隙率、强度、pH 间存在一定的矛盾,当前仍缺乏有效的生态混凝土配合比设计方法。

1.3.2　护岸概述

1.3.1.1　自然型生态护岸结构

自然型生态护岸结构是以水生植物为护岸材料,通过在河道滨水地带种植水生植物,利用植物的根系达到固土的目的,利用植物茎叶错杂纷乱的分布阻挡水流侵蚀并沉降砂土,起到保护岸坡、减少水土流失的作用,利用植物吸收富营养元素,达到去除污染、净化水质的目的。

自然型生态护岸结构没有人造材料参与,没有硬化结构,对原来的自然生态环境不会造成过多干扰,所用材料即可体现其高度自然性。通过对不同类型护岸结构对周围水质相关参数影响的研究,发现自然型生态护岸结构水质较好。从经济价值方面看,所耗成本较低,并且工程量较少,技术简单,后期维护工作难度低,是一种自然友好的护岸结构。但也因其不使用大型结构,使得护岸强度不高,仅适用于水流速度小、岸坡倾斜程度在土壤自然倾斜角范围内、水位落差及短期降水量小的小型河道。

1.3.1.2　人工生态护岸结构

人工生态护岸结构通过在种植植物的基础之上,利用一些天然的材料如木材、石材等加强对岸坡坡脚的防护,进一步提高护岸结构的强度及稳定性,以达到更高要求的防洪标准。

人工型生态护岸结构利用的材料都属于自然资源或可再生资源,对环境没有污染危害。通过石材、木材的结合排布,两者之间的空隙可以种植水生植物,根据环境美学种植多种水生半水生植物,有利于提升物种多样性,促进还原未施工前的正常的物理化学生态环境,为微生物、鱼、虾等提供多样的栖息地。此种护岸结构工期短、施工难度低、强度较高,具有较好的亲水性,护岸结构周围水质较好,是一种较高自然化的护岸结构。但同时也有不足,如使用木材这类易老化的材料,后期的护岸结构会随着木材的老化而失稳,强度也会因此降低,所以护岸木材需要定期维护、更换;使用石材做成的干砌石与工程土体结合而成的结构则亲水性较差。

1.3.1.3　自然与工程护岸相结合结构

自然与工程护岸相结合结构是以自然型护岸为基础,加上土工布、钢筋混凝土等材料的设置,更大程度地增强了护岸结构强度与稳定性,即将大型传统护岸结构各部件转换为生态部件或是增加生态部件,以减少"硬化"效果进而获得具有较好亲水性又十分生态化的高强度大型生态护岸结构。

自然与工程护岸相结合结构抗冲刷能力强,兼具较好的自然性,护岸结构周围水质适中,拥有良好的亲水性,适用于水流速度较大、上下游水位差较大的航道。通过与工程护岸相结合,可以提高护岸结构自身的强度与稳定性,但同时会出现较多的人工痕迹,一定程度上影响了原来的生态环境。因生态要求,该类结构使用较多新型材料与新式技术,极大提高了施工难度,实际工程量大,整体工程投资成本高,后期维护成本也较大。若使用材料不当,还会造成二度污染。

三种类型的护岸结构均有优缺点,适用范围也有所不同。

1.3.3　航道疏浚弃土的处理

航道工程中会产生大量疏浚土,因疏浚土含水量高、强度低,其工程应用困难,因此需要对大量疏浚土进行处置,加上部分疏浚土含有大量有机物、重金属离子等,若处置不当将会导致环境污染。当前针对疏浚弃土通常需单独设置围埝进行沉淀过滤,并经过翻晒后再转运至弃土点,由于处理工艺复杂、占用场地大、处理周期长,导致疏浚土废弃处置工程费用高昂。因此,通过经济、环保的方式利用疏浚土,减少其对环境的影响是生态航道建设的重要方向。近年来,航道疏浚土的环保利用技术得到了一定的发展。

航道疏浚土作为填方材料已经在许多国家和地区得到了应用。如日本、新加坡等众多海上人工岛和机场的建设都使用了大量疏浚土进行吹填,吹填后再对地基进行加固处理。疏浚土吹填造陆的方法能够起到废物再利用的效果,但由于疏浚土中淤泥含水率很高,因此需要花大力气进行地基处理,等地基达到一定的承载力后方能使用。

疏浚土中通常含有较多的细颗粒黏土矿物,可以通过高温烧结或融熔的办法使黏粒改性,随后烧制成砖瓦或陶粒,或作为制造水泥的原料。该方法是解决疏浚土出路问题的途径之一,但这种建材化处理方法要求淤泥中具有丰富的黏土含量且烧结处理要在大型的固定工厂内进行,带来了疏浚土长距离运输的问题,十分不便。同时,这些方法对于淤泥的使用非常有限,如一个较大规模的砖瓦厂一年仅能利用 5 万~10 万 m^3 泥,远不能满足疏浚淤泥的处理要求。

航道疏浚土化学固化处理是一种通过在淤泥中加入处理剂,起到转化淤泥中多余的自由水、提高强度、稳定污染物作用的处理方式。这种方法施工简单,效率高,设备造价低,便于大规模施工,处理后的土可以用作绿化用土和道路、堤防、地基等土方工程的填土材料,而且这些工程对土方的需求非常大。但在当前,疏浚土的固化处理仅采用水泥为主的胶结材料,处理费用相对较高,并且需控制疏浚土含水量。

1.3.4　航道整治工程措施对排污口污染物扩散的影响

随着全球经济的发展及大城市和工矿区的建立,大量污染物被排放进入空气、水体、土壤中。其中,污染物进入水体的输移过程与水文特征、河流形态密切相关,研究结果表明,径流和潮位是影响污染物浓度的主要因素。河口地区人口密集、经济发达,并且水环境变化与人类生活息息相关,尤其是在潮差大、水动力条件复杂多变的强潮河口周围,强潮河口一旦发生突发性水污染事件,污染物将随涨落潮流往返,同时河口地区频繁的人类活动大大增大了突发性污染事件发生的概率。河流速度、潮位和污染物输移之间存在内在联系,了解在不同径流和潮位作用下的污染物输移机理,预测水体受污时间和空间尺度,对于完善污染物输移机理的理论研究有着重要的科学意义,同时对环境监督、水资源保护也具有重要的工程应用价值。

1.3.4.1 强潮河口水体污染物扩散

虽然在潮差大、水动力条件复杂多变的强潮河口周围预测污染物扩散具有重要的科学意义和实际应用参考价值,但在这样复杂的水动力环境中难以用实体模型、现场观测等手段进行研究,而采用数值模拟方法研究潮汐河口水污染扩散是目前开展此类研究的重要手段。

目前,国内科研者已在无潮河流或部分浅水海湾开展了大量的水质模拟研究工作,如根据国外科研者在天然河流开展的扩散实验和得出的实测结果,提出扩散(弥散)系数的半经验计算公式,结合连续方程、动量方程和扩散方程等,采用有限差分法,对珠江干流区域的污染物扩散过程进行了模拟,为该河段建立水质模型提供了模型结构参考;采用垂线平均的二维对流扩散方程建立了连云港西大堤大范围的潮流场数学模型,通过现场水质和数值实验验证了模型的可靠性,再利用模型预报了该地区各种情况下的污染浓度场;在考虑水流扩散项影响的情况下,采用ADI法对水流和浓度扩散的耦合方程进行求解,建立了复杂边界河道污染物输移的二维数学模型。

上述研究工作都是在无潮河流或部分浅水海湾进行的,对潮差大、水动力条件复杂多变的强潮河口的研究还不多见,尤其缺乏如钱塘江河口这一最为典型的强潮河口的相关研究工作。由于强潮河口具有径流潮流相互作用强烈的特点,因此其作用下的河口水质变化与一般无潮河流的水质变化情况较为不同。

有学者采用了平面二维有限元数学模型模拟计算了钱塘江河口段的潮汐和潮流场,并建立了二维水质模型,分别在大、小潮情况下对该地区污染物的稀释扩散进行了计算。在此基础上,分析比较了在潮动力条件不同的大潮和小潮情况下的污染物稀释扩散情况,发现排放口附近区域的浓度增量在大潮时较小,体现了大潮较强的稀释能力;远离排放口的区域在大潮时的浓度增量较大,说明更多的污染物在大潮时被挟带到了更远的地区,体现了大潮较强的扩散能力。有学者基于潮流连续性方程、动量方程和污染物扩散方程,构建研究区域感潮河段二维水动力和水质模型,对从钱塘江感潮河段上游监测到的污染物持续输入情况进行了数值模拟。模拟结果说明,径流作用有利于污染物向下游迁移扩散。但是在感潮河段,由于受到下游潮流的影响,对污染物往下迁移有一个阻滞作用,并且潮流越强阻滞作用越明显。这样的潮流水质模型可作为污染物在感潮河段迁移扩散机理研究的模型基础,对于制定降低污染物迁移扩散对地表水环境质量影响的措施具有现实意义。

有学者为分析突发状况下典型强潮河口污染物的扩散输移机理提出恰当的应对措施,以尽量减小污染物对水质的影响,该研究基于正交曲线坐标系中不可压缩、Boussinnes本构关系假定下的 Navier-Stokes 方程,对钱塘江河口发生突发性污染事件时污染物的扩散输移进行了数值模拟,并通过改变上游边界条件获得了不同径流量下的污染物扩散状况。计算结果表明,钱塘江河口受污后污染物既在径流作用下向下游输移扩散,也在涨潮流控制下向上迁移影响上游水质,受污各点的污染物浓度大小变化在每个潮周期内与相应的水位涨落变化相反。加大钱塘江河口的上游流量能够加快污染物的迁移扩散,有利于减小污染物对上下游水质的影响,从而达到尽快消除污染,实现水质安全的目的。有学者选取长江南京潮汐河流段建立平面二维水动力模型,分析其水流运动特征,与常见的采用欧拉法模拟河流水质不同,该研究根据潮汐河流的水动力特征及污染物输移的环境水力学特征,构建了基于拉格朗日法的随机游走模型,并据此模拟污染物质的对流输移及扩散输运,分析了长江南京段污染物质在典型水文条件下的回荡规律及停留时间。将随机游走模型与常用的欧拉法类水质数学模型进行了对比分析。随机游走模型能够形象直观地描述潮汐河流污染物输运特征。还有学者建立了表现极端干旱对长江口区域污染物输移过程影响的数学模型,其计算结果与观测值表现出良好的一致性,模型结果显示,污染物输移过程与潮周期、潮流密切相关。

上述相关研究工作的开展极大地丰富了人们对感潮河段污染物扩散的物理规律的认识,尤其是基于数值模拟的研究工作对污染物扩散的时间空间尺度预报提供了有力的支撑。但是上述有关感潮河段污染物的研究工作还不能直接应用到本研究中。

1.3.4.2 航道整治建筑物对水流过程的影响

近年来,钱塘江河口段整治工程的实施使得大面积航道整治工程在一定程度上改变了河口地区的水动力机制,以此为基础的污染物稀释扩散情况也必然受到影响。然而,对于受到人工建筑物影响的污染物扩散过程的相关研究工作还非常有限。张乐嫣[24]针对青义涪江特大桥施工区域,采用 Delft-3D 水动力水质数值模拟软件对青义涪江特大桥施工过程中的悬浮物浓度进行模拟,得到不同施工方案下该区域的浓度场,为施工方式的选择提供了参考依据。类似的研究也存在于京沪高铁双排筑坝围堰施工和钢栈桥施工两种施工方案对阳澄湖西湖湖区悬浮物浓度场的影响程度中,席英伟等[25]探讨了阳澄湖大桥施工方式对阳澄湖悬浮物浓度场的影响规律,该研究同样采用Delft-3D水动力水质模拟软件系统,研究结果对工程围堰施工起到了很好的指导作用。上述研究工作尽管考虑了某种类型建筑物对污染物扩散的影响,但是这些建筑物与本研究中的航道整治建筑物相比还是过于简化,目前尚未见本研究中航道整治建筑物类似条件下的污染物扩散研究工作。

尽管针对航道整治建筑物对污染物扩散影响所开展的研究非常有限,但在水动力模拟方面,由于丁坝是最为广泛使用的航道整治建筑物,因此丁坝附近的水流结构模拟最为普遍,研究者对其的了解也最为深入。在长期的工程实践过程中,科研人员在丁坝的设计和施工等方面积累了丰富的经验,对于丁坝的科学研究主要集中在丁坝周围的水流结构和冲刷过程。

在河道上修建丁坝后,丁坝缩窄了河流某一断面并显著影响了附近的水流结构。由于断面收缩,平均流速和单宽流量均显著增加,因此在水平方向上形成大尺度的移动漩涡,并且水面发生较大波动。一般来讲,在河道受到丁坝影响的地方,水流可以分为四个区域:主流区、回流区、剪切区、恢复区。不同学者对具体的分区名称和划分有不同意见,但上述四个分区还是为大多数学者所接受。另外,由于河道丁坝大多存在孔隙,为透水丁坝,这样在丁坝上会形成不同的透水通道,有学者针对此种丁坝坝后的水流紊动特征进一步进行水流划分。上述四个分区中,回流区的水流条件和状态是研究的集中区域,因为回流区的回流长度、泥沙淤积问题等均会对航道产生重要影响。

Sukhodolov等在荷兰代尔夫特理工大学进行的水槽实验结果表明,丁坝间的水流模式主要受到丁坝长度与丁坝间距比例的影响。当这个比例大于0.5时,会在丁坝间形成一个大的漩涡结构;当这个比例小于0.5时,则会在丁坝间逐渐形成两个大的漩涡结构,一个主要的漩涡结构形成在丁坝间下游部分,丁坝间上游部分则会因丁坝坝头漩涡脱落而形成另外一个漩涡结构,当丁坝间距足够大时,主流区水流会深入到坝间区域。上面的两种情形发生在主流方向与河岸大致平行时。丁坝布置在弯道时,主流方向很可能就不与河岸平行,根据弯道的位置不同,主流方向与河岸的夹角也不断发生变化。随着主流方向的改变,丁坝间的水流结构也会相应地发生变化。当丁坝间水深 $0.1<z/h<0.5$ 时,流速和紊动能量分布均服从半经验半理论的公式。对于非淹没丁坝,丁坝间水流场表现出明显的二维特征,小尺度的三维紊流结构对物质和动量起到的交换作用不大,这主要是由于丁坝间水深较小。丁坝间的水流结构除了受到丁坝间距的影响,也会受到丁坝高度的影响,丁坝高

度的影响主要反映在垂向水流结构中。如果两个丁坝间隔足够大，在丁坝被淹没的情形下，从丁坝顶部分离的水流会在一定距离内回到床面，但是如果丁坝距离过近则会影响到这一过程。垂直方向的回流距离可以由阶梯状障碍物的回流关系式给出适当的估计，这个长度一般为7倍左右的高度。丁坝的边坡坡度对坝前的水流结构和坝顶的漩涡脱落都有着重要的影响，接近垂直坡度的丁坝在坝前会形成很强的向下流动的漩涡结构，随着坡度的减小该水流结构会减弱。尽管开展了大量关于丁坝附近水流结构的研究工作，但如何将这些复杂的水流结构与丁坝附近泥沙输移规律结合起来仍然有待深入开展实验研究和理论分析。

对河流下游的水流污染物的准确预测需要充分考虑丁坝群内的泥沙交换过程，丁坝群回流区的水流条件对污染物的传输和扩散有着重要影响。丁坝群与主流区泥沙交换的早期模型实验在水槽底部设立了一个死水区，该实验结果表明，死水区对泥沙的扩散作用可以用一个一阶的模型来近似表示，也就是给定一个常数的交换系数。类似丁坝群与主流泥沙交换的研究主要集中在有关海港的物质扩散领域，在很多情况下都把海港简化成一个简单的几何形状，例如一个正方形的海港，这样的海港形状可以容纳一个单一的漩涡结构，这时的物质交换主要集中在两个过程中：一个是海港与外界间混合层的动量和物质交换；另一个是由海港中心向海港边缘的紊动传输。后者更慢并决定了整体交换过程的时间尺度。丁坝群与海港有着明显的区别，包括几何形状的不同，丁坝间水深与主河道水深的不同，丁坝群往往包含多个丁坝，上下游丁坝的交换过程不同。

总的来说，前人已经大量开展在无潮汐影响河段以及浅水海湾附近的污染物扩散问题研究，但是强潮汐河口的污染物扩散研究还非常匮乏，其中污染物运移的空间和时间特征与规律还不明确。因此，以七堡船闸为研究对象，开展感潮河段污染物扩散规律研究工作，既具有重要的科学意义也可满足工程和管理上的实际需求。

1.3.5　生态航道评价体系研究

河流生态系统评价是西方发达国家开展河流生态系统健康与管理实践的关键，已在长期生态监测数据积累的基础上，基本形成了本国的河流生态系统健康的指标体系和相关的评价标准。然而由于生态系统本身具有显著的区域特征，所以各国都致力于发展适用于本国河流的生物监测指标体系与技术方法。国内许多学者参照国际上的评价方法，相继提出了河流生态系统生态状况的评价指标体系。

水利部长江水利委员会提出了由总目标层、系统层、状态层和要素层四级构成的健康长江评价指标体系。这是我国首个采用数值表达的"健康"河流定量指标。总目标层是指维护健康长江,促进人水和谐;系统层是指包含生态环境保护系统、防洪安全保障系统和水资源开发利用系统;状态层是指在系统层下设置水土资源与水环境状况、河流完整性与稳定性、水生物多样性、蓄泄能力、服务能力5个状态层;要素层是指采用可以获得的定量指标或定性指标反映长江的健康状况,定量指标有河道生态需水满足程度、水功能区水质达标率、水土流失比例、湿地保留率、优良河势保持率、鱼类生物完整性指数、防洪工程措施完善率、防洪非工程措施完善率、水资源开发利用率、通航水深保证率等16个指标。水利部珠江水利委员会提出的河流健康指标由综合层、属性层、分类层和指标层组成。综合层是对珠江河流健康评价指标体系的高度概括;属性层包括自然属性和社会属性两个方面;分类层是在属性层下设置的代表该综合指标的分类指标,分别包括河流形态结构、水环境状况、河流水生物、河岸带状况、人类服务功能、水利管理水平、公众意识7个方面;指标层是在7个分类层下设置的分项指标,其中河流形态结构包含4个指标:河岸河床稳定性、与周围自然生态连通性、水土流失与石漠化治理率、亲水景观舒适度。

有关生态航道指标体系的研究也在逐步发展,但并不完善。许鹏山[26]结合甘肃省航道建设现状及面临的问题,阐述了航道生态设计理念,并提出了生态航道评价因子和评价方法。朱孔贤等[27]采用层次分析方法,将生态航道评价指标体系分为目标层、准则层和指标层3个层次,由施工生态性、航道生态性、航运环保性、航道可持续性与社会适宜性5个准则构成生态航道评价指标体系。

上述有关生态航道评价指标体系的研究,对生态航道建设评价进行了积极的探索,同时也有助于提升对生态航道这一新概念的认识与理解,既包含对航道规划、设计、建设阶段所提出的评价,也基本涵盖了航道运行维护、航道管理阶段的指标特征,所提指标在方法思路和社会适宜性上的提法可供本项目参考借鉴。但随着对生态航道内涵的不断深入理解,以及不同航道开发阶段的目标要求存在差异,所提指标的系统性、完整性还有待补充和完善。相较于河流健康,目前在生态航道指标体系方面的工作还有很长的路要走,并且随着生态航道建设的不断推进,建立一套科学、完整、客观的指标体系更显迫切。特别是根据本项目建成航道的生态化运营、养护和管理要求所应参照的指标体系，对于航道管理方而言具有较高的实用性和操作价值。

1.4 主要研究内容与技术路线

1.4.1 主要研究内容

本书通过航道整治新型生态材料、生态护岸结构型式、疏浚弃土固化处置、生态航道评价体系等关键技术研究，为京杭运河浙江段生态航道建设提供技术支撑。主要研究内容包括：

（1）航道整治新型生态型材料研究
①植生型生态混凝土的制备及性能的测定
②生态混凝土所需适生材料研制
③典型植物在生态混凝土中的生长特征
（2）二通道典型护岸结构优化研究
①护岸现状分析
②二通道典型护岸结构优化
（3）疏浚弃土固化技术研究
①航道疏浚弃土的高效快速固化技术
②航道疏浚弃土的经济型固化技术
（4）生态航道评价体系
①建立生态航道综合评价体系
②以京杭运河杭州段航道为例进行生态效果评价

1.4.2 技术路线

总体技术路线如图1.4-1所示。其中，新型生态材料的研究可用于生态护岸，生态护岸实施过程中的疏浚土可采用固化技术进行固化处理，最后采用航道评价体系对生态效果进行评价，并根据评价结果提出相应的措施。在航道评价体系中考虑水体的污染物扩散问题。

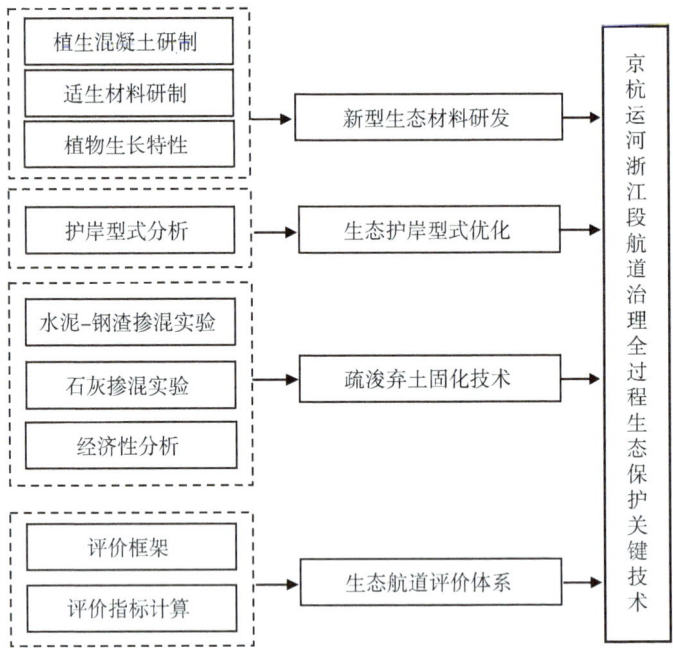

图 1.4-1 总体技术路线图

第 2 章
航道整治工程植生生态材料

航道工程的生态化涉及方方面面,其中,护岸工程的生态化至关重要。本书针对硬质护岸工程中用量较大的混凝土开展生态化研究。在河道护岸工程中,传统混凝土存在资源消耗大、质地坚硬、透水性不强等问题,造成了河道及岸坡的生态失衡。生态混凝土以环境友好、生物相容、结构稳定为主要特征,是当前及未来发展的方向。其中,以无砂、多孔为特点的生态植生混凝土是以水泥、碎石为基本原料,能在表面及孔隙内栽植绿色植物,是一种介于硬质与软质之间的绿色材料,兼顾了固土、防冲、绿色、生态的作用,为护岸工程提供了一种新选择。本次研究的航道整治工程植生生态材料主要指植生混凝土,但由于该结构材料存在碱度偏高、连通孔隙率不足等缺陷,制约了植物的生长,有必要对其进行优化。值得一提的是,本书项目研制的生态植生混凝土主要用于水上部分的护岸工程,不宜用于水位变动区,但相对于传统混凝土材料,植生混凝土的应用可增强河岸生态的横向连续性。

2.1 生态混凝土的提出和分类

"生态混凝土"这一概念,是由日本工学协会于 20 世纪 90 年代为解决天然水域的有机污染和富营养化问题率先提出的,生态混凝土的特点是具有更高的强度、更好的耐久性,以及与自然环境更协调的价值和能力。随后,有关生态混凝土的研究在日本取得了蓬勃发展,相关单位在 20 世纪 90 年代末开始编撰《河川护岸工法》,明确了将生态混凝土技术应用在水利工程中,因而得到了普及应用。

21 世纪初期,"生态混凝土"概念被引入中国后,得到了有关学者的进一步发展和诠释。杨静把"生态混凝土"从生产和使用两个角度进一步划分为"减轻环境负荷型混凝土"和"生态型混凝土"。"减轻环境负荷型混凝土"主要通过降低混凝土生产或使用过程中的环境负担,又或是通过提高混凝土性能的方式获得生态效益。由于这类混凝土符合既往对混凝土产品的生产需要,因此该研究起步较早。从利用工业废弃物(如:高炉矿渣粉、粉煤灰)到开发高强度、高耐久性的混凝土,均可以理解为广义上的"减轻环境负荷型混凝土"。而"生态型混凝土"主要是用于改善各类环境下生物的生存条件,以增加自然条件下的生物多样性。虽然有关于这类混凝土的研究和开发起步较晚,但这是人类社会发展将自身融入自然的追求,也是进入新时代后对习近平总书记提出的"绿水青山就是金山银山"这一理念的践行。根据对环境的作用方式,还可将"生态型混凝土"继续细分为"透水排水性混凝土"、"生物适应型混凝土"和"绿化景观混凝土"三种类型。

李化建等将杨静的分类进行了更为精确的表述,将广义的"生态混凝土"分为"环境友好型"和"生物相容型"两大类,分别大致对应杨静的"减轻环境负荷型混凝土"和"生态型混凝土"。另外,他还建议将"透水排水性混凝土"归入"环境友好型"的类别中,以强调混凝土"透水排水"这一功能对城市环境的改善作用,这种分类更趋于合理。目前,学界主要采用李化建的这种分类方式。由于相关领域尚缺乏统一的标准,在现阶段一般认为的"生态混凝土"主要是指"生态型混凝土",即具有良好的植生性能和绿化性能的混凝土,是一种狭义的生态混凝土,广义的生态混凝土则还需包含"减轻环境负荷"这一特征。

2.2　植生型生态混凝土的特性

混凝土具有原料丰富、价格低廉、质地坚固且耐久性好的特点。在一段时间内,混凝土的过度生产带来了严重的环境问题和能源危机。然而,传统混凝土的弊端不仅限于此。一些城市环境问题,如城市内涝、热岛效应和粉尘污染等都与传统混凝土的使用有关。此外,混凝土单调的色彩给人以"生""冷""硬"的直观感受,降低了城市居民的生活幸福感。

传统护坡多采用浇填混凝土或浆砌石的方法,不仅不相容于环境,还造成了较多的砂石耗费。现代城市堤防不仅需要能在汛期防范较大规模的洪水,还需满足城市居民对滨江景观、亲水、休闲设施的需求,这对护岸设计也提出了新的要求。新型护岸不仅应具备传统混凝土护岸保护河岸、保持河势稳定的防洪功能,同时还应保有良好的栽植能力。

生态混凝土护岸较其他类型的生态护岸具有更强的抗冲刷能力,大孔隙率更有利于植物的生长,完备的透水性能够起到改善生态条件的功能。但生态混凝土也有前期碱度较高、材料成本高、孔隙率与强度不匹配、植生技术不完善等问题亟待研究和解决,具有较大的优化空间。

2.2.1　物理性能及有效孔隙率

生态混凝土的主要特征之一就是具有连续的多孔结构。只有连续的孔隙才被称为"有效孔隙",半开半闭的孔隙被称为"半有效孔隙",完全闭塞的孔隙则为"无效孔隙"。相应的,由于孔隙具备连通作用,因此有效孔隙即能保水又能通水,半有效孔隙只能保水不能通水,无效孔隙既不能保水也不能通水。生态混凝土的有效孔隙率决定了植物根系生长发育的空间。

有效孔隙、半有效孔隙和无效孔隙合称为全孔隙。相关研究结果表明，在对植生混凝土进行设计时，设计的全孔隙率大，有效孔隙率也相应增大。骨料粒径、水灰比及水泥（及其替代物）用量是全孔隙率的主要影响因素。在单一变量下，骨料粒径越大，全孔隙率越小；水泥掺量越大，孔隙被水泥占据，全孔隙率越小；同时，在水泥掺量一定时，固定的水灰比对孔隙率的影响也具有显著作用——水灰比越大，全孔隙率越大。

当全孔隙率一定时，有效孔隙率主要取决于粒径的单一程度（级配）以及设计孔隙率的大小。骨料粒径越单一，其有效孔隙率越接近设计孔隙率，即浇筑后的混凝土的有效孔隙率越大；骨料级配越连续，其浇筑的混凝土的有效孔隙率则越小。

2.2.2 碱性

以往传统混凝土的 pH 一般为 11~12，这种强碱性用于保护钢筋混凝土中的钢筋是有利的，但是不适合植物的生长。由于植生多孔混凝土内部存在大量连续孔隙，内部比表面积大，接触空气的机会比普通混凝土大得多，碳化作用更加明显，因此植生型多孔混凝土的 pH 比普通混凝土低。但总的来说，只要使用了常规水泥，即使是非常低的量，也难以保证得到弱碱性的生态混凝土。一般公认的植生混凝土的最适 pH 在 6~8 之间，这是因为植物生长调节因子，如酶组织化学、微生物特性和离子交换催化剂在中性条件下被能量激活。因此，寻找一种能有效降低孔隙内碱性的方法是研究生态混凝土的核心内容之一。

2.2.3 力学性能

以往的系列研究结果表明，孔隙率是影响植生多孔混凝土强度最直接的因素，诸如水灰比、灰集比、集料粒径等单一因素，都是通过作用孔隙率的大小变化进而影响混凝土强度的大小。一般而言，混凝土孔隙率越大，其强度则越小，但并非线性变化。对植生多孔混凝土的大量测试结果表明，当孔隙率大于 25% 后，其对强度的影响程度显著减小。因此，为了兼顾混凝土强度及植生性能等，可以认为生态混凝土的孔隙率不宜低于 25%，一般在 30% 左右。

混凝土抗压强度随水灰比有先增大后减小的关系，且影响较为显著。不同的胶凝材料存在制备生态多孔混凝土的最佳水灰比范围，若超过或低于最佳水灰比范围，生态混凝土的强度都会受到影响。既往对普通硅酸盐水泥的试验结果显示，较合适的水灰比值一般在 0.25～0.35 之间，具体数值还取决于集料粒径、水泥品种等；灰集比与强度一般呈正比关系，但过高的灰集比对多孔结构来说是不可被接受的。因此，在设计配合试验时，有必要进行预备试验，通过小幅度调整以优化水灰比和灰集比，可将混凝土制品的力学性能改善至较佳水平。为了进一步简化设计配合比的步骤及流程，经过多年的学科发展，相关学者还总结得出考虑了多种因素的经验及半经验公式，利用这些公式，可配合联立方程进行植生多孔混凝土的配合比设计。

集料粒径影响混凝土强度的作用机理较为复杂。一方面，在相同的粒径和级配跨度下，集料粒径越大，孔隙率越小，这在一定程度上提高了混凝土强度；另一方面，小粒径骨料的比表面积较大，使得骨料与水泥浆的黏结面积变大，黏结作用增强，这一作用也令混凝土强度增大。另外，不同大小的集料粒径对孔隙率的作用也不是绝对的，级配也会影响最终的孔隙率。外加剂在改善混凝土各项指标的同时也会对混凝土强度产生影响，该问题也是本研究的关注点。

2.2.4　植生相容性

1. 植被功能

水流对土壤的侵蚀一般分为推移、悬移、摩擦（推移：土壤在水流底层运动；悬移：土壤在水体中运动；摩擦：水对土的撞击）。这三个作用一般同时存在且相互关联。植物的水土保持功能主要通过以下两种方式实现：

（1）减小坡面径流的冲刷力。即通过减小雨滴落地击溅时产生的动能，或通过降低径流速度减轻上述三种水力作用。

（2）改变土壤自身结构以提高土壤抗蚀性。抗冲性与土壤的亲水性有关，亲水性越强，土壤越容易在水中分散悬浮，因此团聚体结构被破坏后，土壤的透水性变小，即便是很小的水流也会带来较大的侵蚀。而有植被覆盖的土壤中存在很多稳定的团粒结构，这些团粒结构可以增强土壤的抗蚀力，随着植物的生长，这种能力会逐渐增强。

实践表明，植物生长茂盛坡地的产流量和水土流失量分别不到裸地的 6% 和 12%。此外，实践还表明，当植被覆盖度减少至阈值（75%）以下时，产流量和水土流失量猛增，因此在设计试验时，需综合考虑植被覆盖率的影响并将其控制在可控的范围内。

2. 植被生长特性

孔隙率、孔径大小及 pH 是影响生态植生混凝土植生性能的 3 个关键因素。孔隙率、平均孔径越大，越有利于植物生长；pH 的作用则恰好相反，随着环境 pH 的增加，植物生长率呈下降趋势，因为强碱会破坏植物根部环境，甚至直接腐蚀植物根系。在生态混凝土上栽植的植物需要能在低碱性、湿润的环境下正常生长。

在碱性护坡上最宜栽种的植物首选是根系细小且发达的草本植物。这是因为草本植物种植简便、成本低，且由于其发芽和生长较快，完工后在早期能够有效防止土壤侵蚀；从生态属性及环境恢复的角度来看，草本植物亦有利于初期表土层的形成，能够为后期进一步栽培灌木提供基础条件。此外，外加剂、化肥通过直接作用于植物也可以促进生态混凝土的植生相容性。

综上所述，生态混凝土以适应环境、生物相容、强度稳定且整体性好为特征，具有适宜的酸碱度和孔隙率以栽培植物，同时兼顾固土、防冲的防护作用。因普通硅酸盐水泥制备的混凝土碱度高、孔隙率低，不适用于环境治理和保护，故需要采取一定的工程措施。要使生态型混凝土得到广泛应用，最需解决以下两大矛盾：

（1）强度和孔隙率的矛盾。掺入外加剂，确定水胶比或胶集比，调整粒径，或多种方法并用。

（2）强度和碱度的矛盾。掺入外加剂，使用低碱水泥，进行表面处理，或多种方法并用。

2.3 植生型生态混凝土配合比

2.3.1 原材料及其性能

（1）胶凝材料

生态植生混凝土由于不含细骨料，因此骨料的平均比表面积较小，拌和时胶凝材料的用量也更少，导致其强度往往较传统混凝土低。出于对弥补上述不足的考虑，选用较高标号的普通硅酸盐水泥（P·O 52.5）以提高生态混凝土的最低强度（见图 2.3-1）。本次试验用水泥经检测，各项性能符合《通用硅酸盐水泥》（GB 175）要求，适用于水泥混凝土试验研究。具体化学成分检测结果见表 2.3-1，物理力学性能检测结果见表 2.3-2。

表 2.3-1　水泥化学成分检测表

成分/指标	单位	国标值	检测值
烧失量	%	≤3.5	2.88
三氧化硫	%	≤3.5	2.11
氧化镁	%	≤5.0	3.08
氯离子	%	≤0.06	0.028
碱含量	%	≤0.6	0.56
石膏	%	—	5.5
SiO_2	%	—	22.03
CaO	%	—	57.12

表 2.3-2　水泥物理及力学性能检测表

项目	单位	国标值	检测值			
比表面积	m^2/kg	≥300	389			
密度	g/cm^3	≥3.0	3.15			
标准稠度	%	—	26.0			
初凝时间	min	≥45	127			
终凝时间	min	≤600	184			
安定性	—	必须合格	合格			
3天强度	抗折强度	MPa	≥4.0	平均值:5.5		
				5.5	5.5	5.5
	抗压强度	MPa	≥23.0	平均值:29.3		
				29.6	29.5	29.2
				29.1	29.3	29.2
28天强度	抗折强度	MPa	≥7.0	平均值:8.7		
				8.8	8.7	8.6
	抗压强度	MPa	≥52.5	平均值:58.5		
				58.1	58.9	58.9
				58.2	58.4	58.6

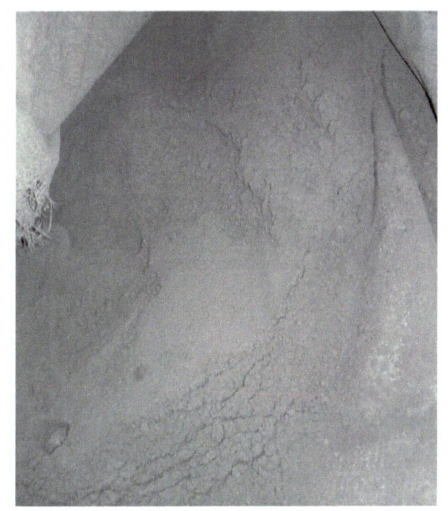 

图 2.3-1　试验用普通硅酸盐水泥(P·O 52.5)　　图 2.3-2　试验用粗骨料

(2) 粗骨料

相关应用研究结果表明,生态混凝土集料的合理粒径介于一个范围之内,过大的集料易使护岸底部的土壤基质穿透孔隙外流,而过小的粒径则会侵占植物根系的生长空间。第三代混凝土技术建议的合理集料粒径介于5~15 mm,此时的强度、植生性和功能性最佳。本次试验的集料为天然砾石破碎筛分而成,针片状含量小(图2.3-2)。

(3) 矿物掺合料

常见的工业废渣有粉煤灰、高炉矿渣粉、硅灰等,这些材料可作为水泥的部分替代物。采用等量代掺矿物掺合料的方式,不仅可以节约水泥,还能有效增加废物的利用,从而体现植生混凝土制品的生态价值。既往对传统混凝土的研究表明,通过添加矿物掺合料,可以生成更多的水化产物,这些产物可有效改善混凝土的力学性能,增加混凝土的强度和耐久性,因而可以预见这对生态混凝土具有相同的效用。

我国自从引入生态混凝土的概念后,开展了较多生态混凝土制品的研究工作,如针对矿物掺合料及其配比对生态植生混凝土强度、孔隙率影响的研究已较为成熟,为避免研究工作的重复或冗余,本次试验仅选取效果较好的高炉矿渣粉为一种具有代表性的矿物掺合料进行相关研究。本次试验所选用的高炉矿渣微粉为S95型(图2.3-3),其化学成分和基本物理参数如表2.3-3和表2.3-4所示。

表 2.3-3 S95 型高炉矿渣微粉成分检测表

项目	SiO$_2$	Al$_2$O$_3$	CaO	MgO	Fe$_2$O$_3$	TiO$_2$
检验结果（%）	32.91	15.36	37.11	8.52	0.74	1.95

表 2.3-4 S95 型高炉矿渣微观物理化学性能检测表

检测项目		单位	检测标准	标准要求	检验结果	单项结论
活性指数	7 d	%	GB/T 18046—2008	≥75	90	符合
	28 d	%	GB/T 18046—2008	≥95	99	符合
流动度比		%	GB/T 2419—2005	≥95	96	符合
含水量		%	GB/T 18046—2008	≤1.0	0.2	符合
密度		g/cm^3	GB/T 208—2014	≥2.80	2.84	符合
比表面积		m^2/kg	GB/T 8074—2008	≥400	472	符合
三氧化硫		%	GB/T 176—2008	≤4.0	2.7	符合
烧失量		%	GB/T 176—2008	≤3.0	−0.4	符合
氯离子		%	GB/T 176—2008	≤0.06	0.02	符合
内照射指数		—	GB 6566—2010	≤1.0	0.4	符合
外照射指数		—	GB 6566—2010	≤1.0	0.6	符合

注：表中所列检测标准为试验时参照的实时标准。

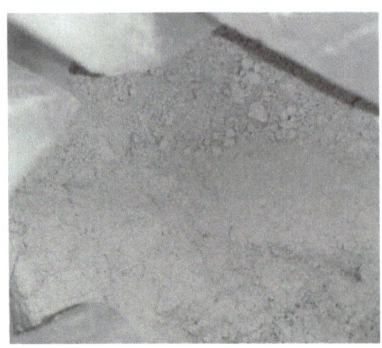

图 2.3-3 S95 型高炉矿渣微粉

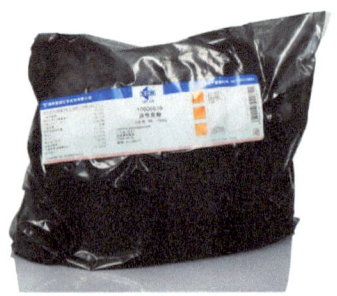

图 2.3-4 试验用炭粉

（4）炭粉

本试验选用的炭粉为国药集团化学试剂有限公司生产的 AR 级活性炭粉（图 2.3-4），技术条件符合《化学试剂 活性炭》(HG/T 3491—1999)要求。

（5）试验用水

本试验所使用的水均为城市自来水，经相关测试，其属性满足《混凝土用水标准》(JGJ 63-2006)中规定的试验用水标准。

2.3.2 配合比设计原则和控制指标

在设计强度上,参考标准《植生混凝土》(JC/T 2557—2020),按要求制备、养护及测试的混凝土标准试件,其 28 d 龄期的抗压强度不应低于 10.0 MPa。若试件强度低于 10.0 MPa,应认为该配比不适用于制作护岸用生态混凝土。从工程实用性角度出发,本次试验应在试件碱度和孔隙率大小合理的情况下尽量追求高强度。

在设计碱性要求上,参考标准《植生混凝土》(JC/T 2557—2020)和现有文献,提供植物生长空间的生态混凝土其酸碱值为 $6.0 \leqslant pH \leqslant 9.0$。

在混凝土孔隙结构方面,参考标准《植生混凝土》(JC/T 2557—2020),生态植生混凝土材料的孔隙率最小不应低于 21%,否则混凝土结构可能无法为植物根系提供充足的生长空间,从而可能会降低表面植物覆盖率。表 2.3-5 罗列了混凝土配合比设计控制参数。

表 2.3-5 混凝土配合比控制参数

性能参数	控制值
强度	10.0 MPa
pH	$\leqslant 9.0$
有效孔隙率	21%

2.3.3 优化配合比的确定

不同材料及试验环境会对拌合物的和易性造成影响,合适的配合比取值是不确定的,需要在原有设计基础上进行调整。设计方法如下。

(1) 预设多孔植生生态混凝土的目标孔隙率。

(2) 构建椭球模型,将每颗粗骨料近似为直径为 d_p 的圆球,每颗粗骨料的体积为 $V = \frac{4}{3}\pi \left(\frac{d_p}{2}\right)^3 \delta$,其中 δ 为椭球系数,$\delta = f(d_p)$。

(3) 建立了粗骨料的孔隙率计算公式:

$$\xi = 1 - \left(\frac{1}{d_p}\right)^3 \frac{4}{3}\pi \left(\frac{d_p}{2}\right)^3 \delta \qquad (2-1)$$

式中:粗骨料直径可近似为 d_p。

(4) 开展试验,通过试验得到椭球系数 δ 的表达式:

$$\delta = \frac{6}{\pi} \frac{1\,900\,d_p^{0.04}}{\rho} \quad (2-2)$$

式中:ρ 为粗骨料密度。

(5) 根据粗骨料的孔隙率,可计算单位体积多孔植生生态混凝土内粗骨料的质量。

(6) 根据多孔植生生态混凝土的目标孔隙率以及粗骨料的孔隙率,计算单位体积多孔植生生态混凝土内胶凝材料的体积。

(7) 根据胶凝材料的体积,计算单位体积多孔植生生态混凝土内胶凝材料的质量以及水的用量:

$$W_c = \frac{V_p}{R + \dfrac{1\,000}{\rho_c}} \rho_c \quad (2-3)$$

式中:W_c 为单位体积水泥用量(kg/m^3);V_p 为胶凝材料浆体体积;ρ_c 为胶凝材料的密度;R 为水与胶凝材料的质量优化配合比。

本次试验中的成品如图 2.3-5 所示,记录的最终配合比数据如表 2.3-6 所示。

图 2.3-5 水灰比适量的成品

表 2.3-6 植生配合比参数

1. 参数:

P·O 42.5 型号水泥	密度 ρ_c	3.15 g/cm³
10~15 mm 粗骨料	密度 ρ	2.4~2.7 t/m³

续表

目标孔隙率 R_{void}	30%
水灰比 $R_{W/C}$	0.35
2. 原料配比	粗骨料：水泥：水 = 1 650：300：105

2.3.4 制备方法

1. 拌合工艺

拌合时应注意场地清洁,避免将场地的泥沙等杂质拌入混凝土,注意集料的含泥量,若不满足,则应洗净后再晾干。拌合及投料的方法主要有以下几种。

(1) 一次投料法。搅拌工艺简单,便于操作,但在制备生态植生混凝土这种大骨料、单粒径的制品时,常见胶结浆体对集料的包裹不完全,部分胶结浆体呈现球状并结团,且有集中堵塞的现象,这是由集料的单级配粒径造成的。具体而言,在拌合过程中,拌合物无细集料进行"润滑",使得集料与胶结浆体搅拌不均匀,进而导致胶结浆体结团。

(2) 分次投料法。工艺简单,便于操作,与一次投料法的区别在于投料次数不同,拌合时能有效避免下沉的水泥浆体自由地分散在水泥台上,同时保证大粒径的混凝土颗粒表面能够均匀覆盖水泥浆体,采用多次加水拌入的方式拌合。

(3) 净浆裹石法。即先制备水泥浆,再通过水泥浆和集料的搅拌使其均匀覆盖在骨料表面。这种方法增大了不同集料间接触面上的咬合概率,但在一些试验过程中发现在制备水泥浆时,很难得到流动度合适的水泥浆,同时水泥浆的成团聚合现象严重且难以控制,无法与粗集料均匀拌合,难以实现对粗集料的均匀包裹。

图 2.3-6 混凝土拌合物

2. 成型与拆模工艺

在拌合前先将试模擦拭干净,再沿试模内壁均匀地涂刷一层不与混凝土发生反应的隔离剂,本次试验使用的是矿物机油。在涂抹过程中应避免机油在模具底部和内壁上出现明显的沉积,否则会影响混凝土的成型。试验用的混凝土试模性能满足《混凝土试模》(JG 237—2008)的相关标准。

拌合完成后,分两次将胶凝材料及集料的拌合物装入立方体模具内,在装料过程中,应保证每层的装料厚度相差不大。

图 2.3-7　混凝土振捣

二次装填插捣完成后,将模具移动至振动台中央,开启电源振动并计时 5 s。机械振捣完毕后,试件表面的拌合物应大致与模具口持平,此时成型完成。

为了尽可能避免成型操作给试验结果带来误差,以上步骤均控制在 15 min 内完成。试件成型后,用抹刀压平试模口上多余的混凝土,用残留的水泥浆进行抹面操作,抹面后立即用塑料薄膜覆盖表面,防止水分蒸发以保持试件表面湿度。最后,将成型后的模具放入 20 ℃ 标养室内恒温静置,期间应避免外力接触,静置 1 d 后,利用充气枪配合锤击脱模。

图 2.3-8　拆模后的混凝土试件成品

3. 养护工艺

与传统混凝土相比,生态植生混凝土的孔径与孔隙率均偏大,在成型的过程中及成型脱模后,水分更容易透过孔隙蒸发,尤其是在仲夏及干燥的冬季,这不仅会对混凝土的水灰比原设计值造成干扰,还将对成型混凝土的强度造成影响。因此,有必要采取适当且可控的养护方法及保湿措施。

本次试验拟在脱模前的成型阶段采取覆膜养护的措施,以在避免孔隙内部水分挥发的同时也尽量避免养护室中的潮湿环境对孔隙内水灰比参数的影响。与此同时,将模具移入恒温的标养室中以保证温度可控,本次试验的标养室温度为20℃(误差为±5℃),相对湿度大于95%。在成型脱模后,认为空气中的水分对水灰比的作用可以忽略,因此可拆去覆膜并将试块在标养室中养护至所需测试龄期。

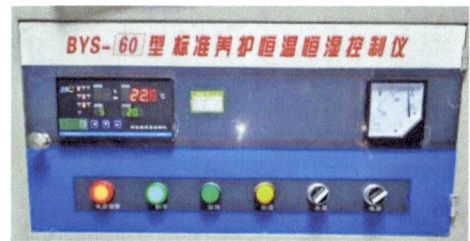

图2.3-9　标养室及室内温/湿度控制仪

2.4　高炉矿渣粉及其掺量对生态混凝土性能的影响

为研究高炉矿渣粉及其掺量对植生型混凝土性能的影响规律,设计了3种矿粉掺量(表2.4-1),通过测量成品混凝土的强度、有效孔隙率、水环境碱度,得出如下试验结果及影响分析。

表2.4-1　单掺矿粉组配合比设计

编号	水(kg/m³)	普通水泥(kg/m³)	高炉矿粉(kg/m³)	集料(kg/m³)
M	105	300	0	1 650
G-50	105	250	50	1 650
G-75	105	225	75	1 650
G-100	105	200	100	1 650

2.4.1 矿粉对混凝土抗压强度的影响

不同龄期及矿粉掺量与混凝土抗压强度的关系如图 2.4-1 所示。

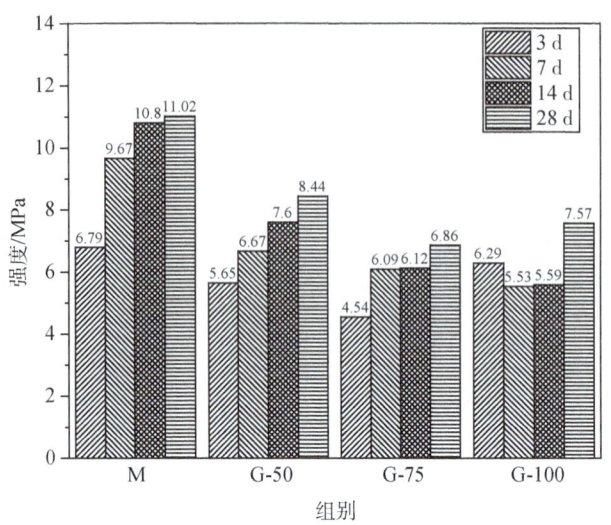

图 2.4-1 不同龄期及矿粉掺量与混凝土抗压强度的关系

由图 2.4-1 可以看出,植生混凝土的抗压强度随掺入矿粉的增多而逐渐降低,这是因为当矿粉等量取代水泥时,水泥用量将相对减少,使有效水灰比增大,胶凝作用降低,这一过程致使混凝土抗压强度下降。同时,矿粉掺量大的组中,混凝土后期抗压强度提升得较大,而 M(纯水泥)组的抗压强度随龄期增加的增大并不明显,这是因为矿粉参与了二次水化反应,在反应过程中吸收大量的 CH 晶体(六方板状型氢氧化钙),尤其使混凝土中界面过渡区的 CH 晶粒变小变少。由于 CH 晶体被大量吸收反应,C_3S(硅酸三钙)和 C_2S(硅酸二钙)的水化反应速度加快,水泥石与骨料界面黏结强度及水泥浆体的孔结构得到改善,提高了混凝土的密实性,进而提高了混凝土的抗压强度。

从抗压强度的绝对值看,M 组达到了 11 MPa,远高于对生态混凝土抗压强度值的预期;然而尽管单掺矿粉降低了混凝土的抗压强度,但各组试块 28 d 的抗压强度值均达到或接近于 7 MPa。

2.4.2 矿粉对有效孔隙率的影响

不同矿粉掺量与有效孔隙率的关系如图 2.4-2 所示。

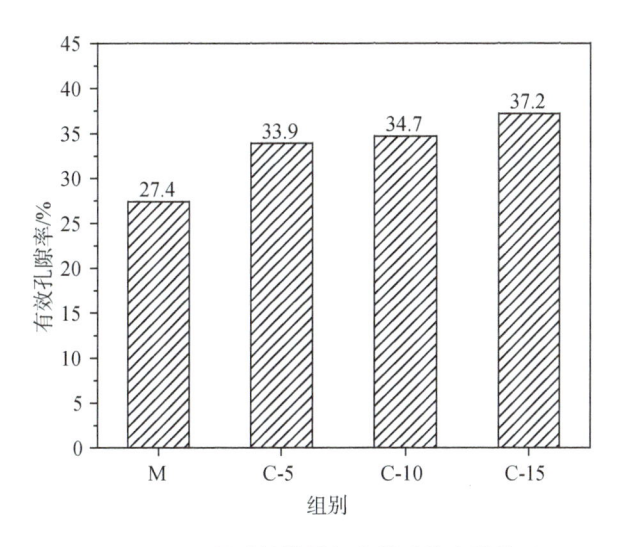

图 2.4-2　不同矿粉掺量与有效孔隙率的关系

由图 2.4-2 可以看出，生态植生混凝土的有效孔隙率随矿粉掺量的增加表现为先增加后减小。当矿粉掺量少时，水泥的强胶凝作用使有效和半有效孔隙趋向于转化为无效孔隙，这一作用更集中发生于混凝土试件内部，表现为有效孔隙率低于设计值 30%；矿粉参与的二次水化反应会吸收大量的 CH 晶体，尤其使混凝土中界面过渡区的 CH 晶粒变小变少，由于矿粉的密度较水泥更小，所以用矿粉等质量取代水泥时，胶凝材料的体积也会将增加，最终增加了孔隙连通的概率，表现为有效孔隙率的增加，在矿粉掺量逐渐增大时，这一作用更为明显。

进一步分析可以发现，在本试验中，即使在不掺矿粉的条件下，有效孔隙率也达到了 27.4%，而 G-50、G-75 组的有效孔隙率略微高于设计孔隙率，是由于该试验的模具尺寸为小尺寸模具（100 mm×100 mm×100 mm），模具的边壁作用明显，使得大部分处在边壁的孔隙能与外界连通，增大了有效孔隙生成的概率，表现为厚度较小的生态混凝土会使得观测有效孔隙率偏大。该有效孔隙率数值所对应的透水系数，可以满足对透水性能的要求。

从单掺高炉矿渣粉的强度变化趋势以及有效孔隙率与强度的变化关系中可以发现，密实度更大的混凝土样品，其强度也相对更高，但对于植生混凝土而言，需要对孔隙率与强度进行权衡。G-50 组的有效孔隙率是 M 组的 120%，这一特性或将令其更适合植物生长。

2.4.3 矿粉对周围水环境碱度的影响

不同矿粉掺量与水环境碱度的关系如图2.4-3所示。

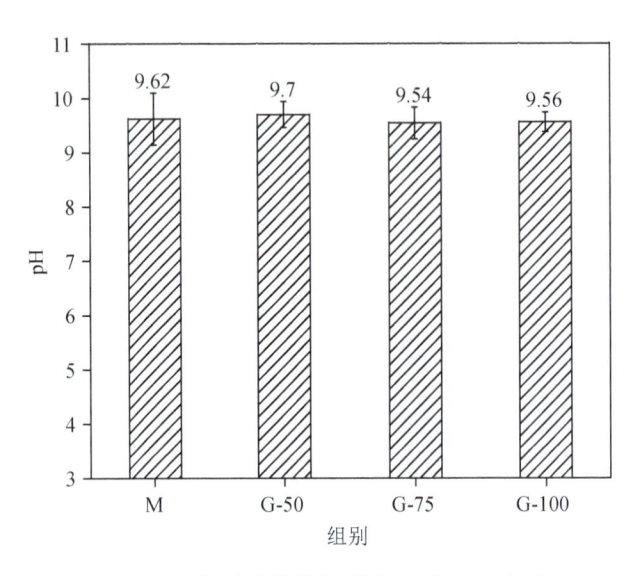

图2.4-3 不同矿粉掺量与周围水环境碱度的关系

由图2.4-3可以看出,生态植生混凝土的pH随矿粉掺量的增加而降低,但降幅有限,这是因为矿粉、粉煤灰、硅灰等矿物掺合料中的氢氧化物较水泥中的氢氧化物相对偏少,但由于等量代掺的拌合物并不能改变氢氧根离子的数量级,因而表现为整体pH的微幅下降。

传统含砂混凝土由于水泥含量高,其周围环境的pH一般为11~12,而本次试验所测得的混凝土周围环境pH在9.5~9.7的区间内,不仅远低于传统混凝土的pH,也相对低于大部分同类无砂、多孔的植生混凝土产品,这是因为本次的集料粒径只有10~15 mm,相对偏小,集料粒径小,比表面积更大,水泥的水化产物被更多地分散在集料表面。此外也可以认为,本次试验对水灰比、胶集比的选择相对合理,值得后续研究的参考和借鉴。

2.5 炭粉及其掺量对生态混凝土性能的影响

为研究活性炭粉及其掺量对植生型混凝土性能的影响规律,设计了3种炭粉掺量(表2.5-1),通过测量成品混凝土的强度、有效孔隙率、水环境碱度,得出如下试验结果及影响分析。

表 2.5-1 单掺炭粉组配合比设计

编号	水(kg/m³)	普通水泥(kg/m³)	炭粉(kg/m³)	集料(kg/m³)
M	105	300	0	1 650
C-5	105	300	5	1 650
C-10	105	300	10	1 650
C-15	105	300	15	1 650

2.5.1 炭粉对混凝土抗压强度的影响

不同龄期及炭粉掺量与混凝土抗压强度的关系如图 2.5-1 所示。

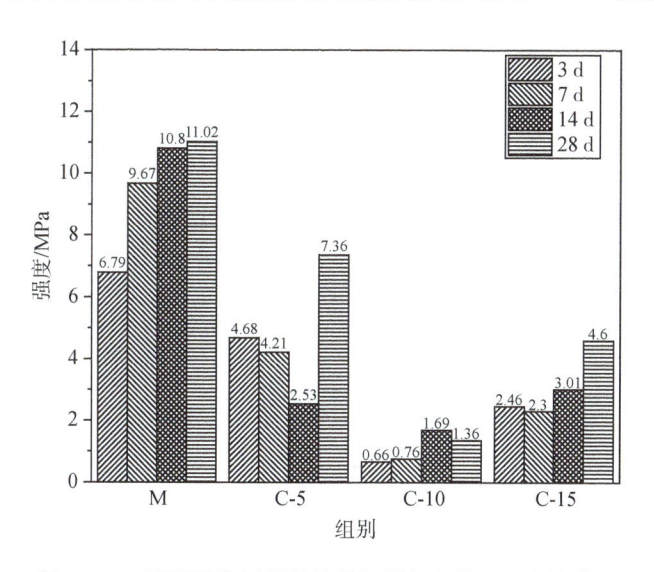

图 2.5-1 不同龄期及炭粉掺量与混凝土抗压强度的关系

由图 2.5-1 可以看出，掺入炭粉后，混凝土抗压强度急剧下降。当碳粉掺量为 10 kg/m³ 时，混凝土基本丧失了抗压强度，造成这一现象的原因可能是炭粉吸附了超出本组预期数量的水分子，拌合物的水胶比下降，使水泥未能较好地拌合成浆，较大的比表面积也阻碍了相邻水泥颗粒的硬化固结。从 C-10 组的拌合工序中可以明显发现，含有炭粉的水泥浆未能较好地附着在集料表面，导致水泥胶结点减少，最终表现为整体抗压强度的下降。当碳粉掺量为 15 kg/m³ 时，抗压强度有所回升，这可能是因为炭粉增多后，过多的炭粉以更小粒径的微集料形式填充于混凝土中,置换出拌合浆体中的气泡和水分子,改善了混凝土中的孔结构,表现为整体强度的提升。

但总体而言,炭粉的作用具有不确定性,每组配比中的异常值较矿物掺合料更多,强度随龄期有波动,不稳定性较大,且当炭粉掺量>10 kg/m³ 时,混凝土抗压强度下降至不足 2 MPa,因而不建议在工程中选用。

2.5.2 炭粉对有效孔隙率的影响

不同炭粉掺量与有效孔隙率的关系如图 2.5-2 所示。

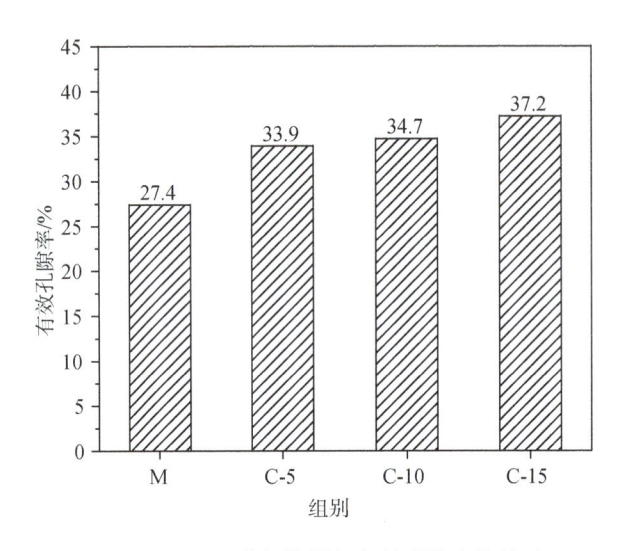

图 2.5-2 不同炭粉掺量与有效孔隙率的关系

由图 2.5-2 可以看出,生态植生混凝土的有效孔隙率随炭粉的增加而增大,C-15 组的有效孔隙率甚至达到了 37.2%,这对植物生长而言是有利的,但代价是强度的近乎丧失。通过进一步分析可以发现,在有效孔隙率测试过程中,C 组中的混凝土干重和湿重普遍低于 M 组 5%～10%,这是因为胶凝材料的失效和流失导致混凝土试块在脱模时表面部分脱落,使有效孔隙率的测量值偏高。换言之,炭粉导致的有效孔隙率增大,并不是如矿粉作用下的变"无效孔隙"为"有效孔隙",而是阻碍了原有的水泥浆、集料之间的结合,导致集料和胶凝物流失。因此认为,炭粉对改善有效孔隙率的作用方式并不理想。

2.5.3　炭粉对周围水环境碱度的影响

不同炭粉掺量与水环境碱度的关系如图2.5-3所示。

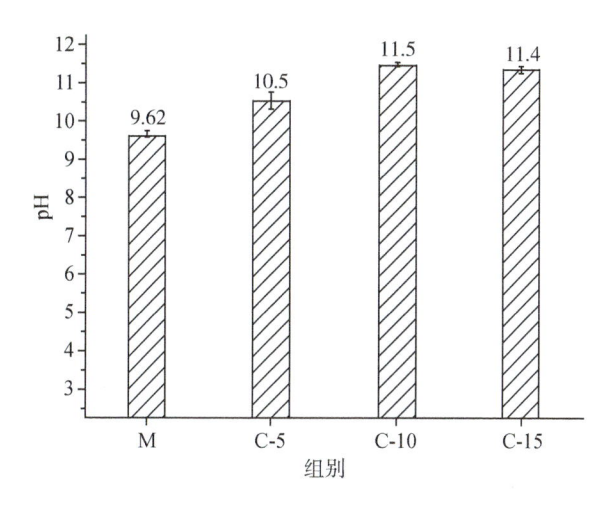

图 2.5-3　不同炭粉掺量与周围水环境碱度的关系

由图2.5-3可以看出,炭粉不仅没有起到降碱的作用,反而明显增加了混凝土及周围环境的碱度。与上述炭粉对有效孔隙的影响类似,炭粉的加入阻碍了水泥颗粒参与反应,未能黏结的水泥直接溶于水中,并释放出大量碱性物质,使溶液pH显著增高。本次试验在设计之初受到了"炭颗粒对碱性有害物质有吸附作用"的启发,认为炭粉可以有效吸附碱性水化物,或通过自身氧化生成碳酸中和碱性物质,以降低周围水环境的碱度,然而未预料到炭粉阻碍了原本水泥浆之间的结合,反而在水中释放出了更多的氢氧根离子。

C-15组的pH比C-10组的略微降低,这可能是因为过量的炭粉发生氧化反应后中和了部分的碱性物质。

2.6　矿粉与炭粉耦合作用分析

为研究高炉矿渣粉与活性炭粉的相互耦合作用对植生型混凝土性能的影响规律,按原有的3种掺量设计了3组混掺量,通过测量成品混凝土的强度、有效孔隙率、水环境碱度,得出如下试验结果及影响分析。

表 2.6-1 混掺矿粉、炭粉组配合比设计

编号	水(kg/m³)	普通水泥(kg/m³)	高炉矿粉(kg/m³)	炭粉(kg/m³)	集料(kg/m³)
M	105	300	0	0	1 650
H-50-15	105	250	50	15	1 650
H-75-10	105	225	75	10	1 650
H-100-5	105	200	100	5	1 650

2.6.1 耦合作用对混凝土抗压强度的影响

不同龄期及矿粉、炭粉混掺与混凝土抗压强度的关系如图 2.6-1 所示。

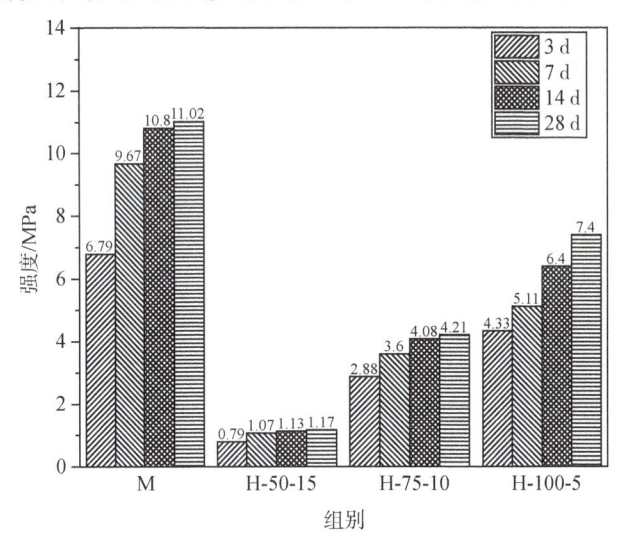

图 2.6-1 不同龄期及矿粉、炭粉混掺与混凝土抗压强度的关系

由图 2.6-1 可以看出，H 组的抗压强度明显低于 M 组，各组的抗压强度主要受炭粉掺量的影响，且当炭粉掺量 >10 kg/m³ 时，不宜选用；炭粉的加入令各龄期组的差异逐渐减小，这都说明炭粉不具备工程价值。

对比 H-100-5 组和 C-5 组可以发现，在同时掺 5 kg/m³ 炭粉的前提下，H-100-5 组的抗压强度和龄期的稳定性高于 C-5 组。需要指出的是，H-100-5 组使用 100 kg/m³ 高炉矿渣粉替换了水泥，说明矿粉与炭粉之间存在一定的耦合作用。此外，在以炭粉为主导因素的作用下，H-50-15 组的抗压强度低于 H-75-10 组，而 C-15 组的抗压强度大于 C-10 组，两组结果均印证出高炉矿粉对水量的要求更低。

2.6.2　耦合作用对有效孔隙率的影响

不同矿粉、炭粉混掺与有效孔隙率的关系如图 2.6-2 所示。

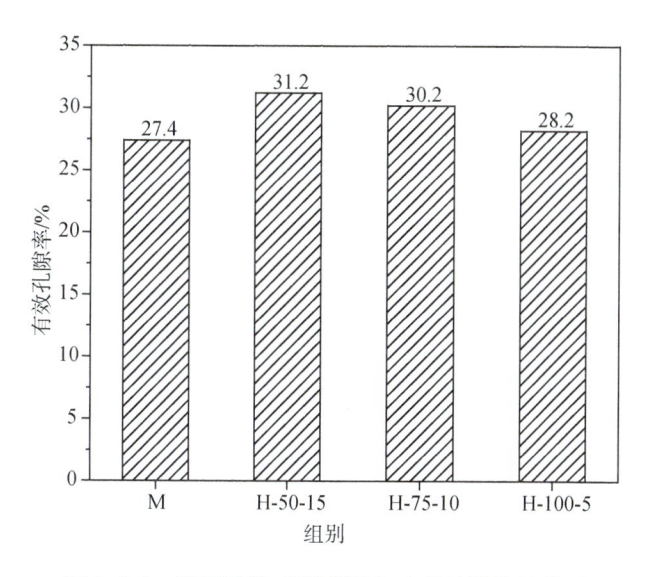

图 2.6-2　不同矿粉、炭粉混掺与有效孔隙率的关系

由图 2.6-2 可以看出,孔隙率的大小受炭粉掺量的影响而发生变化,即炭粉掺量越大,孔隙率越大。通过称量试块的干重和浮重可以发现,导致有效孔隙率增大的原因并不是以变"无效孔隙"为"有效孔隙",而是炭粉阻碍了原有的水泥浆和集料间的结合。但由于矿粉对胶凝材料会起到磨合作用,H 组中因脱膜而导致的胶集材料的质量剥离相对减少,所以 H-50-15 组的有效孔隙率较 M 组有所增加。从数值上看,H 组与设计孔隙率 30% 的数值最为接近。

2.6.3　耦合作用对周围水环境碱度的影响

不同矿粉、炭粉混掺与水环境碱度的关系如图 2.6-3 所示。

由图 2.6-3 可以看出,在相同的炭粉掺量下,矿粉的加入降低了 pH,这是因为矿粉在相同条件下更易成浆,且自身碱度低于水泥。但环境碱度总体上仍主要受炭粉掺量这一因素影响,由于炭粉对胶凝材料会起到分散作用,H 组的 3 组试样在相同环境下的 pH 均比 M 组的高,且当炭粉掺量>10 kg/m^3 时,pH 超过 10.5,超过试验设计的控制值。

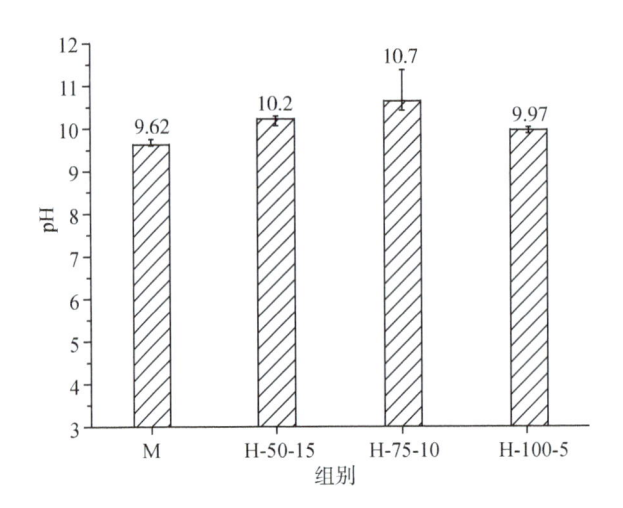

图 2.6-3　不同矿粉、炭粉混掺与周围水环境碱度的关系

2.7　自然降碱试验

生态植生混凝土在成型过程中，水泥发生水化反应，生成可溶性碱与非可溶性碱。非可溶性碱的构造较为稳定，是混凝土强度的主要来源之一，可溶性碱则令生态混凝土孔隙内水环境呈强碱性状态。生态混凝土的碱度主要来源于混凝土表层未反应的水泥原料，外加剂中的钠、钾离子盐，水泥石薄层泛碱，以及水化时产生的氢氧化钙。水泥石薄层泛碱使得混凝土对周围环境的碱度释放是一个动态且持续的过程。

一般植物生长的土壤层碱度呈中性到弱酸性，碱度过高的环境会导致植物根端坏死、茎叶发黄或枯萎。生态混凝土孔隙内壁的碱性物质会令填充材料碱化，尤其是 Na_2CO_3 和 $NaHCO_3$ 等可溶性强酸弱碱盐类物质，会使土壤中的氨氮分解逃脱，造成植物所需元素失衡等。植物根系受损后将导致新陈代谢紊乱，根系在土壤中对氮的吸收能力受到遏制，叶片失绿枯黄，光合作用减弱且抗虫害能力下降，最终影响植物的正常生长。适宜植物生长的 pH 一般在 3.5～9 之间。

2.7.1　自然降碱设计

本次模拟自然降碱试验，即考虑到在自然条件下现浇混凝土的自发降碱作用，设计了浸水稀释降碱和空气中碳化降碱两种模拟降碱方案，探究生态植生混凝土对周围环境的作用及影响,具体方案介绍如下。

(1) 模拟浸水稀释降碱(图 2.7-1)。将养护 3 d 的混凝土试块放置在直径 20 cm 的水桶中,注入 6 L 自来水浸泡,每浸泡 24 h 测定一次生态混凝土的浸渍溶液,测量完成后换一次水,并重复此过程,直至 pH 稳定。

(2) 模拟空气中碳化降碱。选用养护 3 d 的生态混凝土试块放置于室外通风良好的地方,使试件在空气中自然碳化,每 24 h 制备一次用于测定混凝土碱度的溶液。

图 2.7-1 模拟浸水稀释降碱

2.7.2 水中碳化降碱结果及分析

模拟浸水稀释降碱法的步骤进行试验,随着时间的推移,各组混凝土碱度值如图 2.7-2 所示。由图可以看出,混凝土在水中的碱度随碳化及试验的进行缓慢下降。含有炭粉的 H-100-5 组碱度较高,始终较 M 组和 G-75 组高 1~2 个点,直到第 18 d 时趋于稳定,最终稳定在 10.3 附近。M 组和添加矿粉的 G-75 组在水中的碳化过程表现为前期碱性快速降低,后期缓慢降低,在第 11 d 左右趋于稳定在 10 左右,到第 18 d 时稳定在 10 以下,与之相应的过程是水泥浆 CH 晶体的基本形成,强度亦趋于稳定。

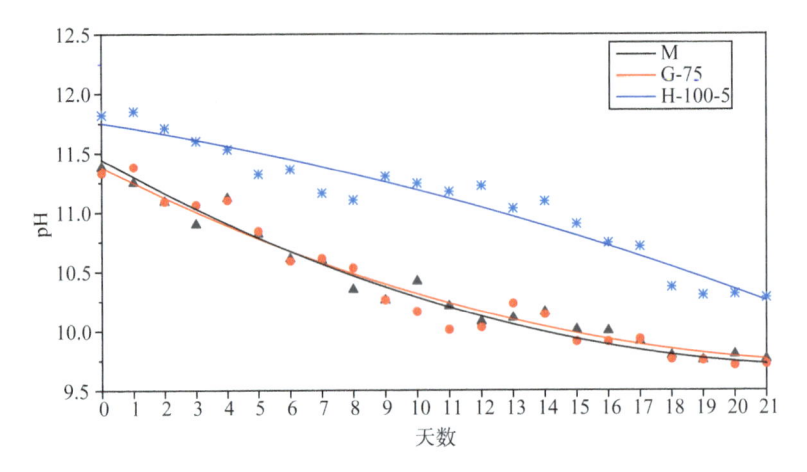

图 2.7-2　混凝土在水中碳化时碱度与时间的关系

从试验的测试数据上看，自然碳化过程本身具备一定的降碱作用，这对改善混凝土的植生性能具有积极作用。经过 20 d 的降碱处理后，M 组的碱度值由 11.40 降至 9.86，降低了 13.5%；G-75 组的碱度值由 11.35 降至 9.68，降低了 14.7%；H-100-5 组的碱度值由 11.86 降至 10.34，降低了 12.8%。尽管自然过程具有一定的降碱作用，但其局限性也较为明显，例如混凝土成型前期水泥未完全硬化，溶液周围 pH 在 11 以上，处于高强碱性环境，此时游离出的碱性物质较多，这将对周围环境中的生物造成腐蚀和破坏；此外，在一段时间后，周围环境的碱度值仍然在 9.5 以上，未达到技术标准对植生基材碱度的要求。因此，有必要采用其他措施进行优化。

2.7.3　空气中碳化降碱结果及分析

模拟空气中碳化降碱的试验步骤进行试验，水中碳化的降碱效果要比自然碳化的效果更好。需要指出的是，由于测量方式不同，自然碳化在制作溶液的过程中会沾上一段时间的水，因此在某一龄期的碱度值比实测值还要高一些。但长期的水中养护对混凝土的强度不利，可以认为，水中碳化的降碱效果是以污染环境和损失结构性能为代价的。

空气中的碳化作为成本较低的一种方式，不仅不破坏拌合物结构，还有利于碱性的自然消逝，这也是传统浆砌石护岸接缝内能生长出草的主要原因。但对于大面积植草的生态护坡来说，pH 接近 10 的碱性环境较为不利，有必要采用其他措施进行优化。

2.8 复合喷淋降碱试验

2.8.1 复合喷淋降碱设计

生态植生混凝土的碱度来源主要是未反应的水泥原料,外加剂中的钠、钾离子盐,水泥石薄层泛碱过程,以及水化时产生的氢氧化钙。针对上述 4 种碱性来源,提出了本次喷淋降碱的思路,即在消耗氢氧根的同时在原水泥浆表面生成一层致密的钙盐沉淀,且沉淀物能够稳定地附着在水泥浆表面,可以防止或阻碍碱性物质的泛出。基于上述降碱原理,采用中碱度、强度合适且具有代表性的优选配比组 M 组、G2 组合 H3 组进行试验。试验的具体步骤为:在表面均匀地喷洒配置质量浓度为 0.5% 的 4 种溶液,为了使化学试剂与混凝土试块充分反应,每隔 3 d 喷洒一次,共喷洒 3 次,第 7 d 时在精密 pH 试纸上进行碱度测定。明确复合降碱原理后,本次试验基于对化学性质的探索,提出了以下 4 种降碱试剂(图 2.8-1)。

(1) 苯甲酸钠($C_6H_5CO_2Na$)。本试验选用的苯甲酸钠试剂为国药集团化学试剂有限公司生产的 AR 级分析纯,呈白色颗粒或结晶性粉末状,pH 约为 8,含量≥98.5%。技术条件符合 Q/CYDZ 808—2007。

(2) 酒石酸钠($Na_2C_4H_4O_6 \cdot 2H_2O$)。本试验选用的酒石酸钠试剂为国药集团化学试剂有限公司生产的 AR 级分析纯,约 150℃下失去结晶水,呈白色颗粒或结晶性粉末状,pH 为 7~9,含量≥99.0%。技术条件符合 HG/T 3478—1999。

(3) 十二烷基苯磺酸钠($C_{12}H_{25}C_6H_4SO_3Na$)。本试验选用的十二烷基苯磺酸钠试剂为国药集团化学试剂有限公司生产的 AR 级分析纯,呈白色或浅黄色粉末或颗粒状,含量≥88.0%。技术条件符合 Q/CYDZ 638—2008。是常用的阴离子型表面活性剂,难挥发,易溶于水,溶于水而成半透明溶液。其硬水化学性质稳定,无毒性。广泛应用于食品、医药、化工、金属、建材、橡胶、纺织、印染、餐具洗涤剂、消毒剂。

(4) 十二烷基硫酸钠($C_{12}H_{25}SO_4Na$)。本试验选用的酒石酸钠试剂为国药集团化学试剂有限公司生产的化学纯,呈白色或乳白色片状结晶或粉末状,pH 为 7.5~9.5,活性物含量≥86.0%。技术条件符合 Q/CYDZ 116—2004。

将以上 4 种化学试剂配制成质量分数为 2% 的溶液,搅拌后静置,装入喷淋容器中备用(图 2.8-2)。

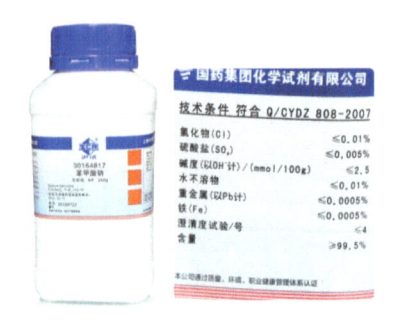

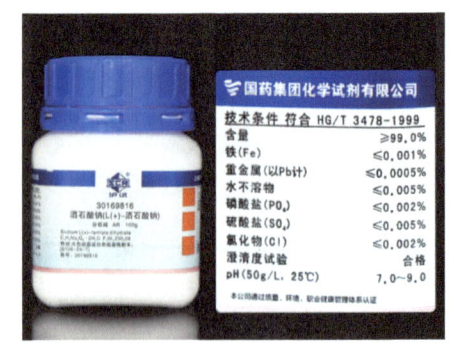

(a) 苯甲酸钠试剂　　　　　　　　(b) 酒石酸钠试剂

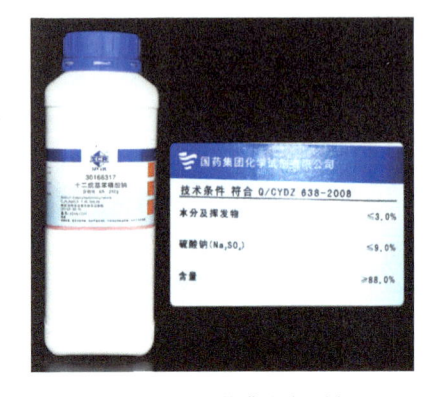

(c) 十二烷基苯磺酸钠试剂　　　　(d) 十二烷基硫酸钠

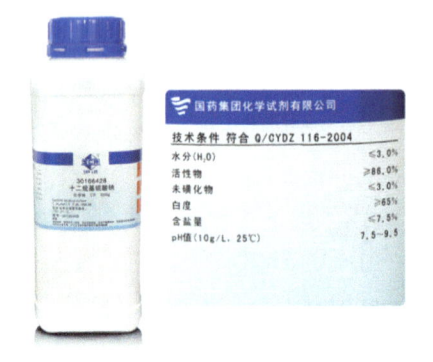

图 2.8-1　试验用降碱试剂

图 2.8-2　复合喷淋降碱试验

2.8.2 复合喷淋降碱结果及分析

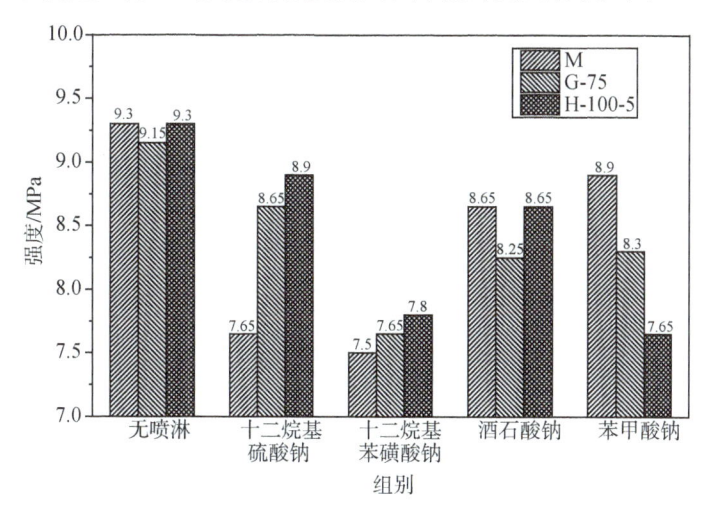

对 3 组优选配合比试块进行碱度测试。降碱的测试结果如图 2.8-3 所示。

图 2.8-3 复合喷淋降碱结果

由图可以看出，无喷淋的混凝土其 pH 在 9 以上，喷淋后的所有试块其 pH 均降至 9 甚至 8.5 以下，尤其以无毒环保的十二烷基苯磺酸钠溶液的降碱效果较好。喷淋十二烷基苯磺酸钠溶液的 3 组试样，其孔隙内及表面的 pH 均降至 8 以下，接近中性。这是可能因为十二烷基苯磺酸钠（$C_{12}H_{25}C_6H_4SO_3Na$）的分子量在这 4 种试剂中最大，其产物钙盐分子最为致密并附着在混凝土表面，抑制了碱性物质的析出。总体而言，4 种试剂均起到了明显的降碱作用，其效果已经能满足一般植物的大量生长，即适用于制作生态护岸。

以上 4 种强碱弱酸高分子盐（简写为 NaX，X 为弱酸根离子）均比未喷淋时的混凝土孔隙内 pH 低，其降碱效果可能归因于以下两种作用。

（1）NaX 溶液试剂能与（过量的）氢氧化钙反应，并生成覆膜沉淀：

$$NaX + Ca(OH)_2 \longrightarrow NaOH + CaX\downarrow$$

其中，CaX 为高分子盐的晶体沉淀物，表面积累的沉淀物形成一层薄膜最终覆盖在混凝土表面，起到类似"蜡封"的作用，从而抑制碱性析出，而这种"蜡封"作用几乎不改变孔隙率。

（2）水泥的主要成分 $CaO \cdot SO_2$ 在硬化生成氢氧化钙晶体时需消耗溶液中

的氢离子,而氢离子被 NaX 的水解反应所消耗,两种反应相互制约,使得钙元素将更多地以晶体方式存在,游离的氢氧根离子减少,使得溶液环境碱度降低。

综上所述,无毒环保的十二烷基苯磺酸钠是一种具有价值的降碱试剂,在合理优化后,可以有效地运用在生态混凝土的降碱设计中。

2.8.3 降碱原理验证

生态植生混凝土主要由粗集料和胶凝材料组成,碎石等集料自身性质稳定,且不溶于水,不单独呈酸碱性。观察生态混凝土的结构剖面,该结构是通过与包裹在粗骨料表面的水泥石相互连接,构成具有连续孔隙的蜂窝状结构。可以认为,水泥石的性能在很大程度上决定了植生混凝土的性能。

图 2.8-4　用于试验的水泥浆试块

为了进一步探明 4 种试剂对水泥石的化学作用,设计了水泥浆石试块试验,通过水泥浆石与试剂的单独反应及相关测试,探明作用机理。具体的试验方法是:用 0.35 的水胶比制作水泥浆石试块,试块成型后自然养护 7 d,分别放入质量分数为 2% 的降碱试剂溶液中,结果如图 2.8-5 所示。

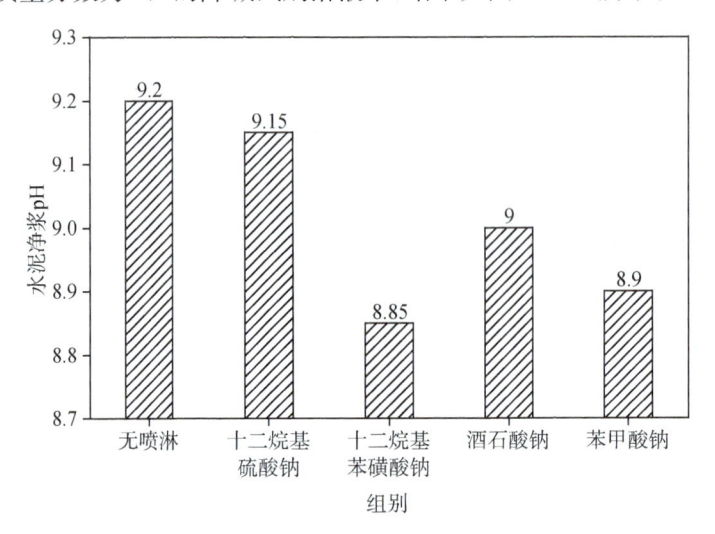

图 2.8-5　降碱处理后的水泥浆石试块碱度测试结果

由图可以看出，4种化学试剂的降碱效果依次为十二烷基苯磺酸钠、苯甲酸钠、酒石酸钠、十二烷基硫酸钠，这与对混凝土进行的降碱处理结果趋同。在反应过程中，通过观察还可以发现，在4组试剂的浸泡下，水泥浆石表面出现了白色物质沉积物(图2.8-6)，这也证实了十二烷基苯磺酸钠与氢氧化钙反应，以高分子沉积物的形式在水泥浆石表面形成致密的薄膜，阻碍了后续碱性物质的释放。

图 2.8-6　十二烷基苯磺酸钠在水泥浆石试块表面的反应沉积物

进一步地，对喷淋十二烷基苯磺酸钠反应前后的水泥浆石试块进行XRD衍射测试分析，喷淋前后图谱如图2.8-7和图2.8-8所示。

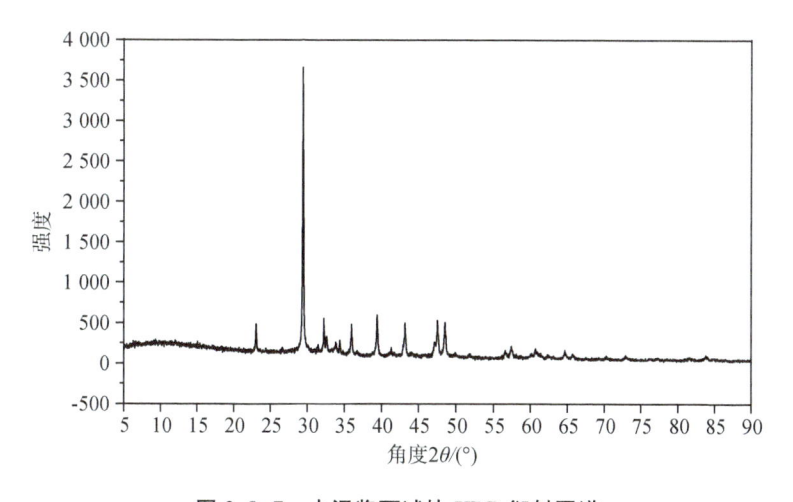

图 2.8-7　水泥浆石试块 XRD 衍射图谱

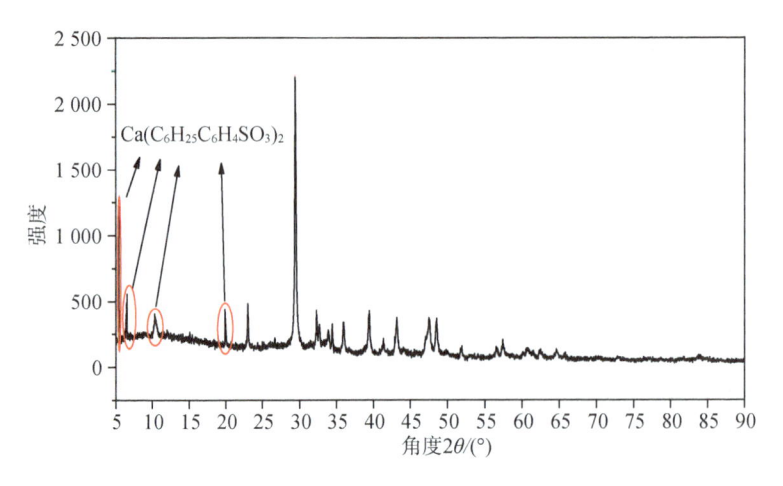

图 2.8-8 喷淋十二烷基苯磺酸钠反应后的水泥浆石试块 XRD 衍射图谱

通过对比两图可以更为直观地观察到,经过喷淋处理后,在 XRD 图谱 0~20°位置处生成了大量的有机盐薄膜。对比标准卡片,发现其 4 个峰的组合体即与试剂反应后生成的十二烷基苯磺酸钙,表现为产物的结晶度高、颗粒大;而氢氧化钙及碳酸钙晶体主峰 30°信号波段的"峰"明显变宽。十二烷基苯磺酸钠将水泥浆石表面的氢氧化钙转化成薄膜,这种降碱方式不会对内部的氢氧化钙晶体产生影响进而削减混凝土强度,同时也不会因为过大晶体的沉淀物而减小混凝土的孔隙率。

因此,使用喷淋此类化学药剂的降碱方式可以应用在植生混凝土工程前期的降碱处理上,以提供植物更好的生长发育环境。

此外,采用 1 650 kg 粒径为 10~15 cm 的粗骨料,以 300 kg 水泥和 105 kg 水的配合比拌和,得到的 C10 强度等级的生态混凝土具有良好的孔隙结构,采用 3 次喷淋 0.5% 的十二烷基苯磺酸钠溶液可有效降低植生混凝土的碱性,将其 pH 调节至 8.85。推荐的植生混凝土原料及降碱材料为填料粗颗粒石子、水泥和十二烷基苯磺酸钠,均是传统建筑材料和无毒性的阴离子型表面活性剂,由此制备出的低碱性植生混凝土绿色环保,无毒性物质。

2.9 生态混凝土适生材料研制

为提高生态混凝土的植生性能,宜将少量适合植物生产的营养物质附着到生态混凝土上,从而降低植生混凝土强碱性对植被生长的影响,加强生态混凝土对植被生长所需营养物质的供给。考虑到生态混凝土的孔隙结构特征,研制了如图 2.9-1 和表 2.9-1 所示的两种适生材料,研究其对生态混凝土的支撑作用。

图 2.9-1　两种适生材料

表 2.9-1　适生材料配比

种类	适生材料的组成成分(wt.%)
适生材料 A	山泥：河沙：椰糠：草木灰 = 2：2：1：1
适生材料 B	泥炭：椰糠：河沙 = 3：2：7

从外观形态看,适生材料 A 粒径较为均匀且细小,便于渗入植生混凝土的孔隙结构中。灌注试验结果表明,采用粗骨料：水泥：水 = 1650：300：105 制备孔隙率为 30% 的植生混凝土,植生混凝土厚度为 10 cm 时,适生材料 A 在植生混凝土中的灌入深度在 9 cm 左右,孔隙填充率在 70% 以上;适生材料 B 在植生混凝土中的灌入深度在 7 cm 左右,孔隙填充率接近 50%。同时开展植生试验,结果对比如图 2.9-2 所示,适生材料 A 的营养物质含量更高且丰富,更利于植被的发芽和生长,因此后续选用适生材料 A 进行灌注至植生混凝土孔隙的试验。

(a) 适生材料 A　　　　　　　　　(b) 适生材料 B

图 2.9-2　不同适生材料中植物生长 14 d 的情况

2.10　典型植物生长特征

2.10.1　植生试验设计

（1）方案设计

设计本次植生试验的目的是验证植生混凝土碱度环境对植物正常发芽和生长的影响。采用 1 650 kg 粒径为 10~15 cm 的粗骨料，以 300 kg 水泥和 105 kg 水的配合比拌和，得到的生态混凝土具有良好的孔隙结构，采用 3 次喷淋 0.5% 的十二烷基苯磺酸钠溶液可有效降低植生混凝土的碱性，提高生态混凝土的植生性能。

考虑到试验规模的限制，本次高羊茅的播种密度选用推荐种植密度，按照 60 g/m³ 进行播种；狗牙根的播种密度为 20 g/m³。

（2）植生指标测量

高羊茅是长茎叶的草本植物，为了表征其茎叶的生长情况，可直接用精度为 1 mm 的钢尺测量出高羊茅的出土长度；为了便于测量和跟踪，重点测量透明容器中最长的或沿边壁生长的 5~10 根草，并通过直接观察确定满足 80% 以上茎叶长的长度区间（图 2.10-1）。

狗牙根则与高羊茅的茎叶形态不同，呈"匍匐状"生长，这说明若采用测

图 2.10-1　茎叶及根系长度测量

试高羊茅茎叶的方法来评测狗牙根的植生效果,从实际意义上说并不牢靠。本次试验提出了"绿化覆盖率"这一评价指标,可以通过对图像进行处理得到(图 2.10-2)。具体的操作方法如下:在照片中的土壤种植位置处,选定 100×100 像素及以上的大样方作为被测区块,将单个区块的图像划分成 N 个像素点,提取绿色彩度占比超过一定阈值 X 的像素点,并统计绿色彩度超过阈值 X 的像素点个数 K,最后用 K/N,得到"绿化覆盖指数",该指数即可用以表征狗牙根在不同照片中的生长状况。其中,阈值 X 是通过提取狗牙根实际叶片的绿色彩度值,并考虑背景光源的综合彩亮度值生成。

图 2.10-2　绿化覆盖率提取

2.10.2 高羊茅植生效果及分析

图 2.10-3 和图 2.10-4 记录了高羊茅草在不同环境下播种后到第 28 d 的生长情况。高羊茅草籽在播种后约第 2~3 天时发芽。

3 d　　　　5 d　　　　7 d　　　　14 d　　　　28 d

图 2.10-3　高羊茅草在自然环境下的生长情况

3 d　　　　5 d　　　　7 d　　　　14 d　　　　28 d

图 2.10-4　高羊茅草在低碱环境下的生长情况

表 2.10-1　高羊茅茎叶生长情况统计表

时间	组别		最长 5 根(cm)			草长集中区间(cm)		
3 d	1	自然	1.05	0.88	0.82	0.38	0.25	0~0.20
	2	低碱	1.12	0.68	0.57	未发芽	未发芽	—
5 d	1	自然	5.27	5.12	5.09	5.04	5.04	1.0~5.0
	2	低碱	6.52	5.97	4.45	4.42	4.35	0.5~1.5
7 d	1	自然	8.22	7.95	7.90	7.68	7.45	2.5~7.5
	2	低碱	8.07	7.32	7.25	6.78	6.72	2.0~7.0
14 d	1	自然	11.7	11.5	9.9	9.7	9.3	6.0~9.0
	2	低碱	13.5	11.5	10.1	9.9	9.2	6.0~9.0
28 d	1	自然	25.3	24.9	24.4	23.9	23.9	16.0~21.0
	2	低碱	24.5	23.6	23.4	23.3	23.4	15.0~19.0

表 2.10-1 记录了 3~28 d 各时间节点的高羊茅茎叶长度。不难发现,高羊茅草在早期发芽较迅速,播种后 3 d 内即发芽,随后缓慢生长;在第 7~14 天时,高羊茅草生长速度最为迅猛。

2.10.3 狗牙根植生效果及分析

图 2.10-5 和图 2.10-6 记录了狗牙根草在不同环境下播种后到第 28 d 的生长情况。狗牙根草籽在播种后约第 4~5 天时发芽,因此从第 5 天开始记录。

| 5 d | 7 d | 14 d | 28 d |

图 2.10-5 狗牙根在自然环境下的生长情况

| 5 d | 7 d | 14 d | 28 d |

图 2.10-6 狗牙根在低碱性环境下的生长情况

通过观察图中狗牙根的发芽生长过程可以发现,狗牙根草在发芽和生长前期长势良好,其茎叶逐渐发育并向外延展;随着种子逐渐发芽,其绿化的覆盖面积逐渐增大,在第 14 天时基本覆盖了土壤表面,表面茎叶生长旺盛。低碱性环境下的狗牙根的发芽速率较自然环境时差异不大。为了更好地表征植物生长情况,统计"绿化指数"数据,如表 2.10-2 所示。

表 2.10-2　狗牙根在不同环境下的绿化指数测定

实验条件	5 d	7 d	14 d	28 d
自然环境	8.43	17.67	33.17	36.11
低碱性环境	7.51	16.43	32.89	35.70

2.11　小结

（1）以粒径为 10~15 cm 的粗骨料和 P.O 42.5 水泥为原料，按照粗骨料∶水泥∶水＝1 650∶300∶105 的配合比拌和，得到的 C10 强度等级的生态混凝土具有良好的孔隙结构。

（2）采用 3 次喷淋无毒环保的 0.5% 的十二烷基苯磺酸钠溶液可有效降低植生混凝土的碱性，将其 pH 调节至 8.85，提高生态混凝土的植生性能。

（3）研制了两种适生材料，其中适生材料 A（山泥∶河沙∶椰糠∶草木灰＝2∶2∶1∶1）粒径较为均匀且细小，便于灌注到植生混凝土的孔隙结构中。适生材料 A 在植生混凝土中的灌入深度在 9 cm 左右，孔隙填充率在 70% 以上；适生材料 B 在植生混凝土中的灌入深度在 7 cm 左右，孔隙填充率接近 50%。植生试验结果表明，适生材料 A 的营养物质含量更高且丰富，更利于植被的发芽和生长。

（4）狗牙根和高羊茅在降碱后的生态混凝土上的生长特征与自然环境下的差异不大，播种 14 d 后生长迅速。

第 3 章
生态护岸结构优化研究

随着社会经济、文化等多方面的不断发展,人们对生活环境的安全性、舒适性提出了更高的要求。传统护岸结构多为硬式护岸结构,其功能以挡土挡水、减少水流对河岸的侵蚀、减少水土流失等为主,虽然起到了约束水流和保护河道两岸的作用,但大多缺乏对河流生态系统的考量。从修建传统护岸结构开始,整个河道的生态系统便受到了巨大的影响:两岸硬化,河床硬化,原来河道内所有生物的栖息地受到较大破坏,且河水被单独隔离出来无法与两岸的水土交流;降低了人与水环境的和谐关系以及河道的天然自净能力;加上河道上下游之间都会修建各类闸,使得河道水动力作用减弱,流动不畅,导致河水的生态系统遭到一定程度的破坏。随着环境友好型社会的发展,适应环境变化、有利于环境发展的新式护岸结构应运而生。新式护岸结构即生态护岸,生态护岸是一种既保有传统护岸结构各项功能,又新增一定帮助还原原本生态环境、促进环境友好发展功能的新型护岸结构。因此,本章对现有护岸型式进行总结分析,并从生态角度提出改进措施。

3.1 京杭运河浙江段护岸型式

3.1.1 京杭运河杭州段护岸

京杭运河杭州段护岸型式部分采用了适合本工程的生态护岸型式。根据护岸所处的地段、河面的宽度、征地宽度、地质情况和原来岸坡的状况,结合经济、美观的建设目标,按马道以上的护岸型式进行类别划分,采用 A、B、C、D、E 五大类护岸型式。

（1）新建护岸(A1 型、A2 型、A3 型)

双线航道新建护岸分为 A1、A2、A3 三种护岸结构。A1 型护岸适用于起点～沪杭高速附近,里程桩号为 K'13+298～K'26+498 的西侧护岸及里程桩号为 K'21+918～K'26+498 的东侧护岸(鱼塘除外)。该段地面高程较低,防洪墙标高 5.2 m,防洪墙后方不回填。A2 型护岸适用于沪杭高速附近～太平河闸附近的新建护岸,即里程桩号为 K'26+752～K'27+010 的两侧护岸。该段地面高程较高,防洪墙采用钢筋混凝土框格植草生态防护护坡。A3 型护岸适用于起点～上塘河附近东侧的新建护岸(鱼塘除外),即里程桩号为 K'13+298～K'21+918 的东侧护岸,防洪墙标高 4.3 m,防洪墙后方不回填。A1、A2 和 A3 型护岸的底板采用 500 mm 厚的 C25 混凝土,其中A1、A2 型护岸底板宽度取 4.4 m,A3 型取 3.8 m。为防止船行波冲刷,底板靠河侧下设前趾,前趾长度取 600 mm。为节约水泥、降低温升、提高强度、减少温度裂缝、减少混凝土拌和工作量,墙身标高 1.6 m 以下采用块石混凝土;墙身标高 1.6 m 以上采用 C25 混凝土,并采用浆砌面石或劈离块进行护面;墙身顶部采用 200 mm 厚的 C30 混凝土进行压顶。为减少护岸墙身的土压力,在 A1 型、A2 型和 A3 型护岸墙后一定范围内设置抛石棱体。根据地质情况,基础分别采用天然地基、换填抛石、双头水泥搅拌桩等措施处理。马道与河底连接坡度一般采用 1:4,所对应的底板顶高程为 −0.4 m,护岸墙后设置两道排水管。在护岸挡墙和防洪堤之间埋设 4 孔 SC50 管用于航道沿线信息采集发布设备所需的电缆、光缆敷设,埋设深度不小于 70 cm,每隔 100 m 设置一处拉线手孔井。护岸结构见图 3.1-1～图 3.1-3。

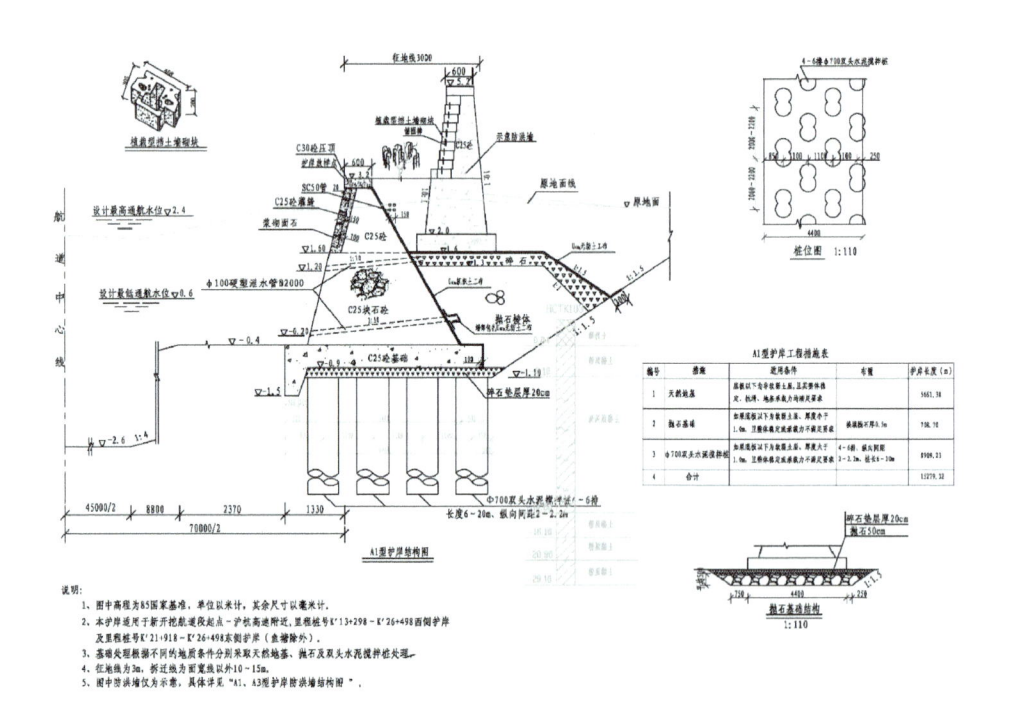

图 3.1-1　A1 型护岸结构示意图

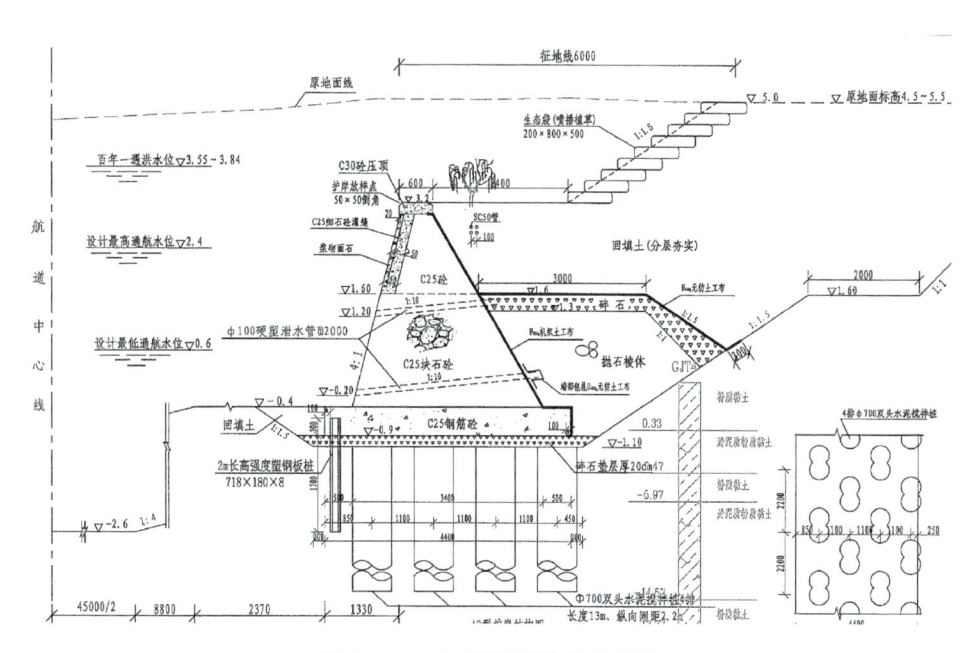

图 3.1-2　A2 型护岸结构示意图

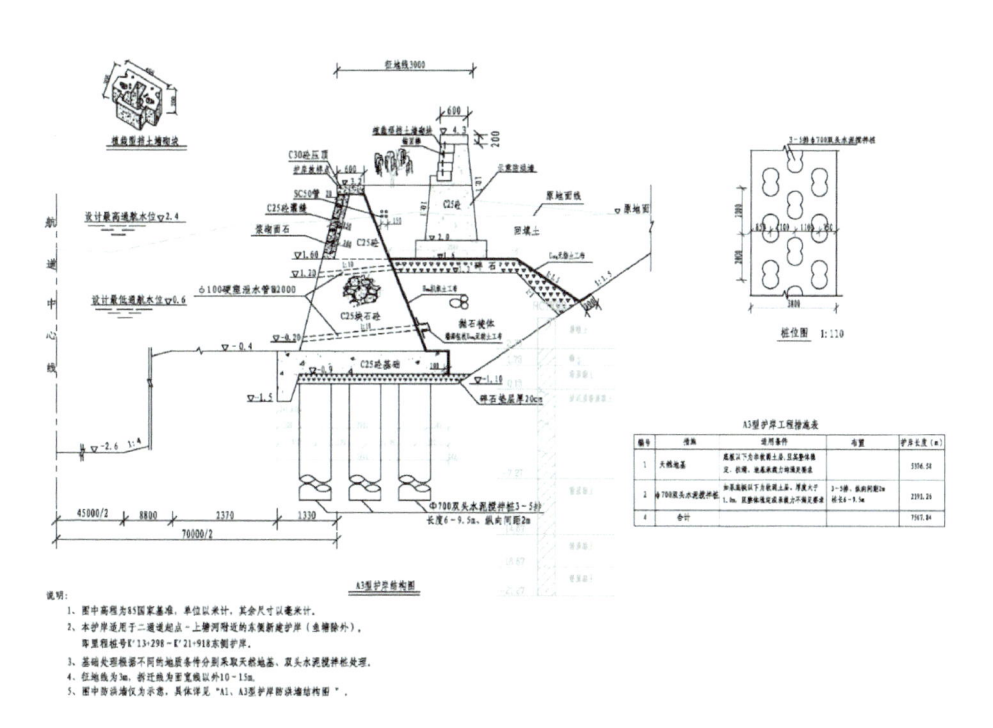

图 3.1-3　A3 型护岸结构示意图

(2) 鱼塘段块石混凝土重力式护岸(B型)

新建B型护岸结构型式为重力式(堤式)结构,该结构型式适用于双线航道单面宽大于35 m的鱼塘段的新建护岸。其中,防洪墙标高5.2 m适用于里程桩号K'13+298～K'26+498西侧护岸及里程桩号K'21+918～K'26+498东侧护岸,防洪墙标高4.3 m适用于里程桩号K'13+298～K'21+918东侧护岸。墙身标高1.6 m以上采用C25混凝土,并采用浆砌面石或劈离块进行护面。为节约水泥、降低温升、提高强度、减少温度裂缝、减少混凝土拌和工作量,高程1.6 m以下采用块石混凝土。考虑到结构稳定及鱼塘作业的要求,顶宽取2.5 m,护岸顶高程取3.2 m,并在挡墙前沿砌筑相应的防洪墙。底板采用500 mm厚的C25混凝土,底板宽度为4.305 m,基础采用天然地基或水泥搅拌桩加固。马道与河底连接坡度采用1∶4,所对应的底板顶高程为−0.4 m。在B型护岸挡墙墙体内埋设4孔SC50管用于航道沿线信息采集发布设备所需的电缆、光缆敷设,埋设深度不小于70 cm,每隔100 m设置一处拉线手孔井。相应的护岸结构见图3.1-4。

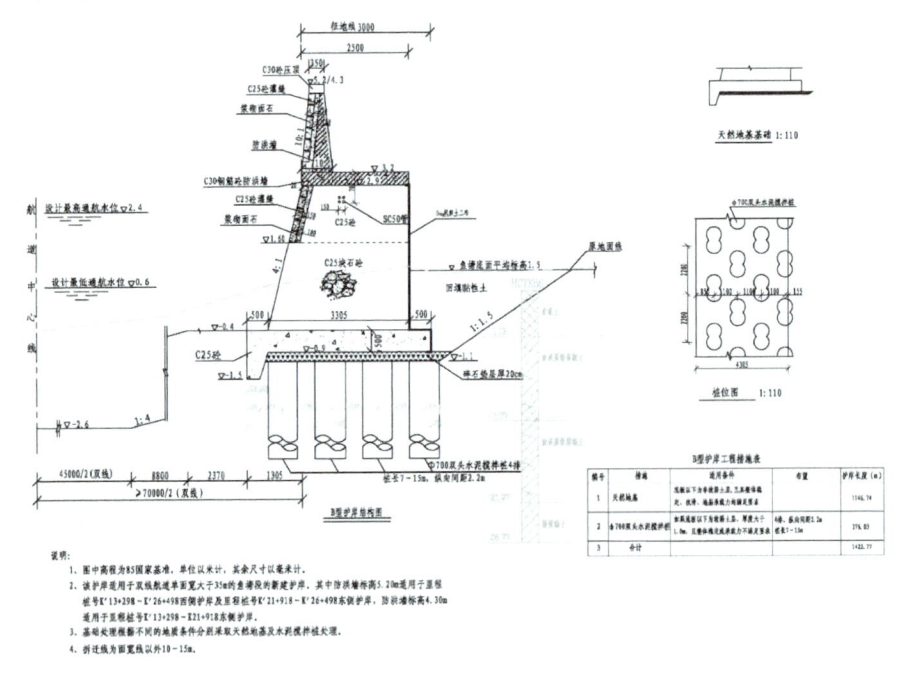

图3.1-4 B型护岸结构示意图

(3) 箱型重力式护岸(E型)

新建E型护岸结构型式为箱型重力式结构,适用于太平河前进闸～五一河闸附近的新建护岸(鱼塘除外),即里程桩号 K'27+010～K'28+589 两侧护岸。护岸顶高程取 3.2 m,并在距挡墙前沿 3～7 m 范围内的护岸陆侧砌筑防洪墙,防洪墙采用钢筋混凝土框格植草生态防护护坡,顶高程不小于 5.0 m,与后方原地面相接。E 型护岸采用箱体结构,箱体迎水侧设置 ϕ100 mm 透水孔,箱体与箱体间插入 C25 钢筋混凝土预制板连接。箱体底部采用 C20 混凝土与 ϕ12 mm 的钢筋与底板浇筑连接,箱体内 1.9 m 以下填充片石,上面依次铺设 300 mm 厚的碎石垫层及土工布,2.2 m 以上设 1 m 厚的素填土供植被生长。护岸底板采用 500 mm 厚的 C25 钢筋混凝土,底板宽度为 3.8 m。为防止船型波冲刷底板下设前趾,前趾长度取 600 mm。根据地质情况,基础分别采用天然地基、双头水泥搅拌桩等加固措施。马道与河底连接坡度一般采用 1:4,所对应的底板顶高程为 -0.4 m,护岸墙后设置一道排水管。在护岸挡墙和防洪堤之间埋设 4 孔 SC50 管用于航道沿线信息采集发布设备所需的电缆、光缆敷设,埋设深度不小于 70 cm,每隔 100 m 设置一处拉线手孔井。护岸结构见图 3.1-5。

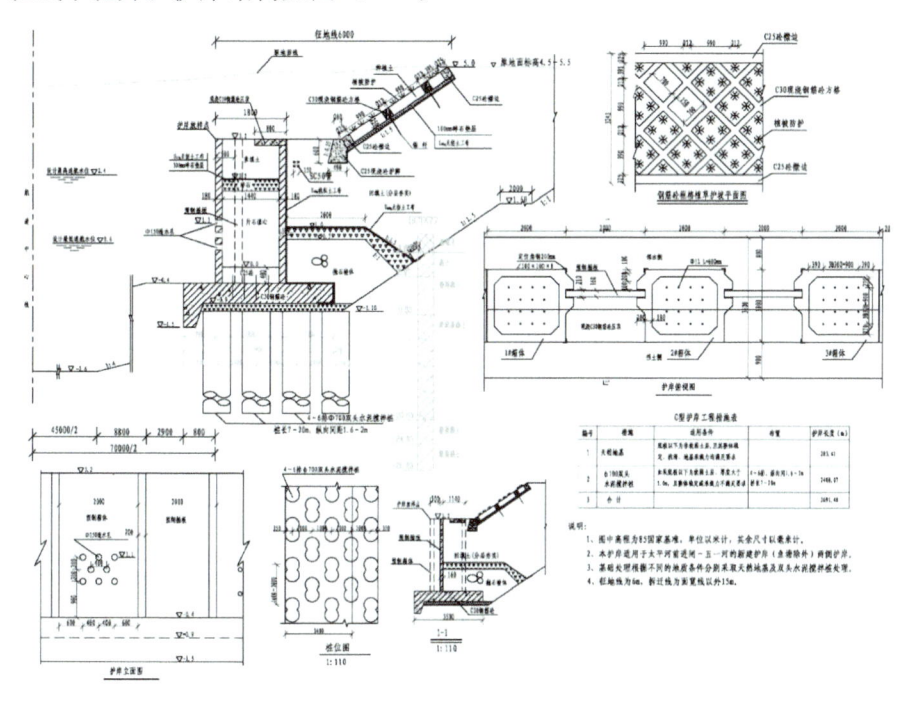

图 3.1-5 E 型护岸结构示意图

(4) 钢板桩＋灌注桩的双排桩护岸(C1 型)

C1 型护岸结构型式适用于五一河岔口～八堡船闸分界线的砂质粉土地段新建护岸。拟采用钢板桩＋灌注桩的双排桩结构，在临河侧打设 U 形钢板桩，钢板桩截面高度 200 mm，宽 600 mm，钢板厚 10 mm，桩长 14、16 m。采用设计使用年限为 10～20 年的厚浆型环氧漆涂层防腐，并在标高 2.6 m 以上浇筑 600 mm 厚的 C30 钢筋混凝土帽梁。后排临岸侧桩基采用钢筋混凝土钻孔灌注桩结构，距前排桩桩心 2.1 m，后排桩 φ600 mm，桩间距 1.8 m 或 1.2 m，桩长 14、16 m，在标高 2.6 m 以上浇筑 600 mm 厚的 C30 钢筋混凝土帽梁，并采用 C30 钢筋混凝土连系梁与前排桩相连。后方防洪墙采用植栽型生态砌块挡墙或钢筋混凝土框格植草生态防护护坡，顶高程不小于 5.0 m，并与后方地面顺接。相应的护岸结构图见 3.1-6。

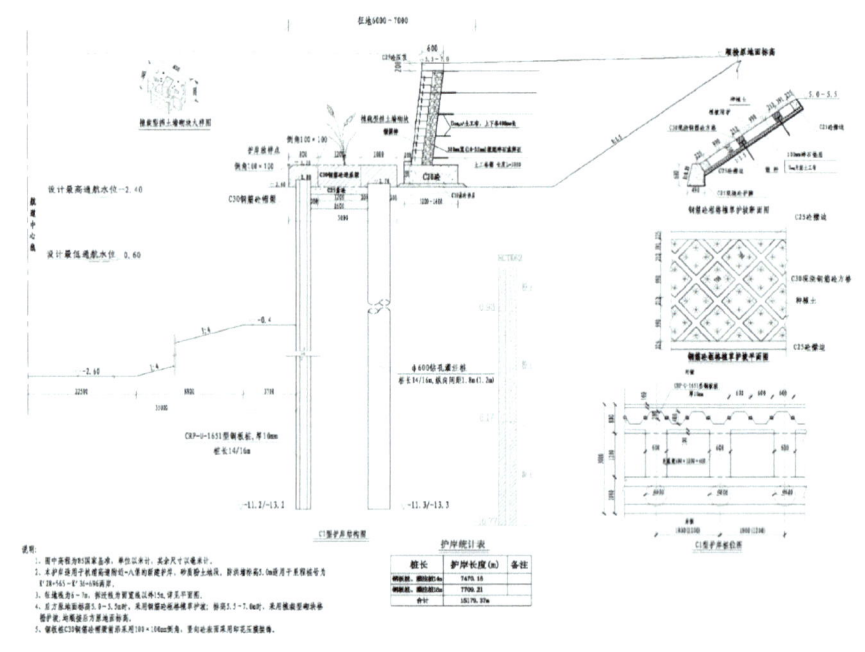

图 3.1-6　C1 型护岸结构示意图

(5) 预制混凝土板桩护岸(D 型)

对于双线航道单面宽 35～45 m，基本无需疏浚且整体稳定的河段，拟在原护岸前沿采用预制混凝土板桩加面层浆砌面石修复结构。相应的护岸结构图见 3.1-7。

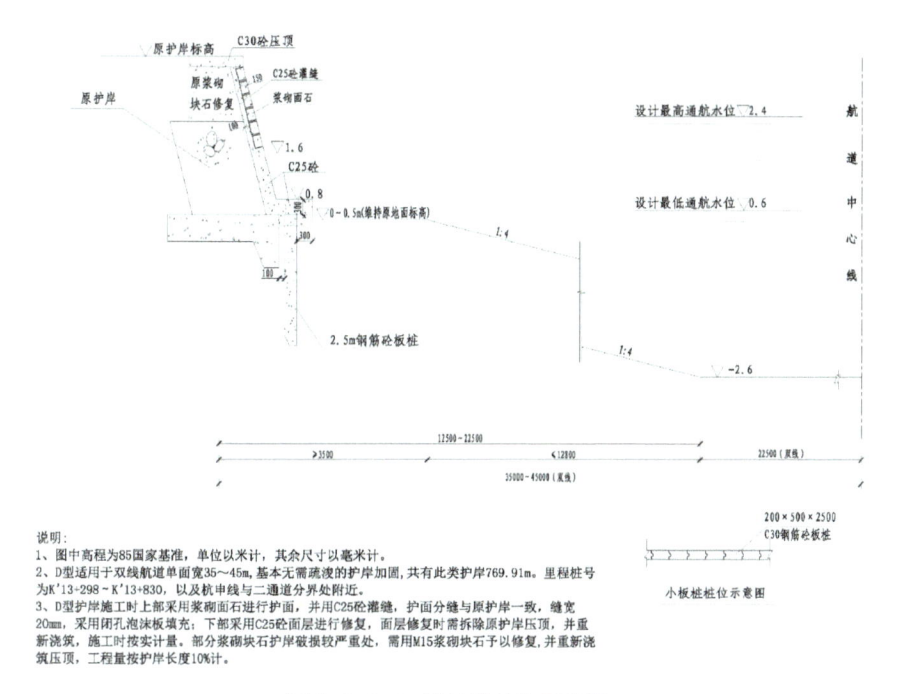

图 3.1-7　D 型护岸结构示意图

3.1.2　京杭运河湖州段护岸

（1）新建护岸（A1 型和 A2 型）

根据单面宽度和水下边坡的不同，将新建护岸分为 A1 和 A2 护岸结构。其中，A1 型护岸适用于（粉质）黏土、淤泥质（粉质）黏土地段且双线单面宽大于 35 m、小于 38 m 的新建护岸处；A2 型护岸适用于（粉质）黏土、淤泥质（粉质）黏土地段且双线单面宽大于 38 m 及小河汊处的新建护岸处。这几种型式均为衡重式结构，护岸顶高程取 3.2 m，底板采用 500 mm 厚的 C20 混凝土，为防止船行波冲刷底板下设前趾，前趾长度取 500 mm。墙身材料高程 1.7 m 以上为浆砌块石，为节约水泥、降低温升、提高强度、减少温度裂缝、减少混凝土拌和工作量，高程 1.7 m 以下为块石凝混土，宽度分别为 1.75 m、2.3 m 和 1.6 m，墙身上方采用 200 mm 厚的 C25 混凝土压顶。为减少护岸墙身土压力，在 A1 型护岸墙后一定范围内设置抛石棱体。根据地质情况，基础分别采用天然地基、抛石、木桩、水泥搅拌桩和水泥搅拌桩加 300 mm × 300 mm 预制方桩等加固措施。马道与河底的连接坡度 A1 和 A2 均采用 1∶4，所对应的底板顶高程分别为 −0.5～−0.4 m（A1）和 0～0.1 m（A2）。

A1 型护岸墙后设置两道排水管,A2 型护岸墙后设置一道排水管。护岸结构见图 3.1-8 和图 3.1-9。

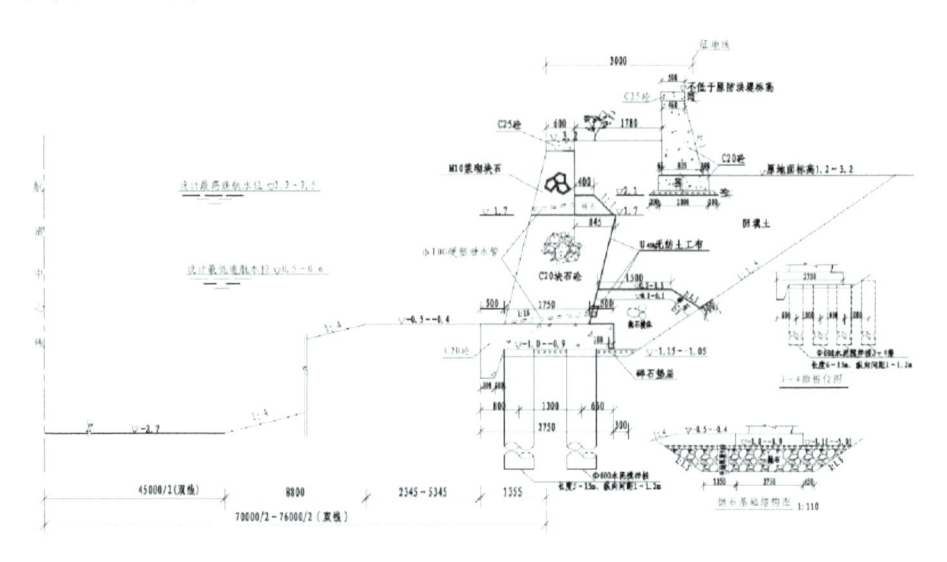

图 3.1-8　A1 型护岸结构示意图

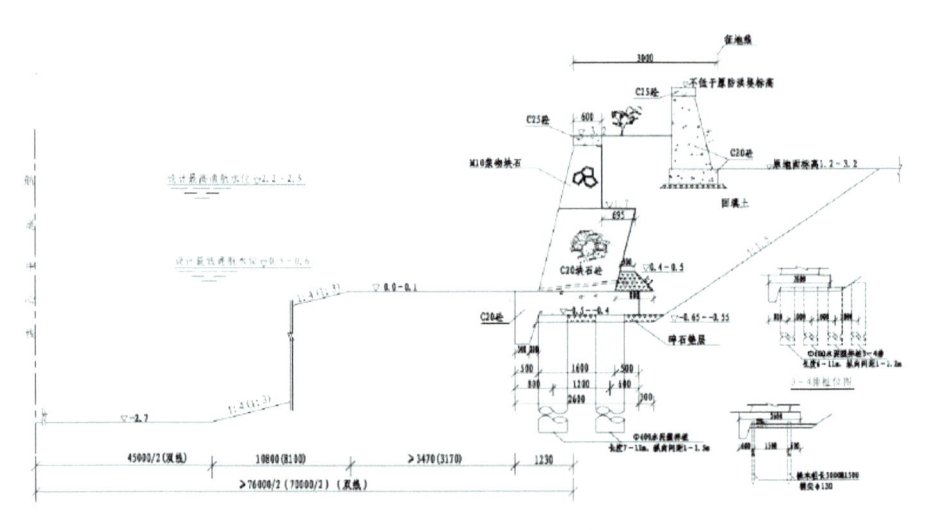

图 3.1-9　A2 型护岸结构示意图

(2) 鱼塘段块石混凝土重力式护岸(A3 型)

新建 A3 型护岸结构型式为重力式(堤式)结构,适用于(粉质)黏土、淤泥质(粉质)黏土鱼塘段的新建护岸处。墙身材料高程 1.7 m 以上为浆砌块石,为节约水泥、降低温升、提高强度、减少温度裂缝、减少混凝土拌和工作量,高程1.7 m以下为块石混凝土。考虑到结构稳定及人行的要求,顶宽取2.5 m,护岸顶高程根据周边鱼塘堤顶高程取2.2～3.7 m(平均3.2 m)。底板采用500 mm厚的C20混凝土,底板宽度为3.33 m。基础采用天然地基和水泥搅拌桩。马道与河底连接坡度采用1∶4。护岸结构见图3.1-10。

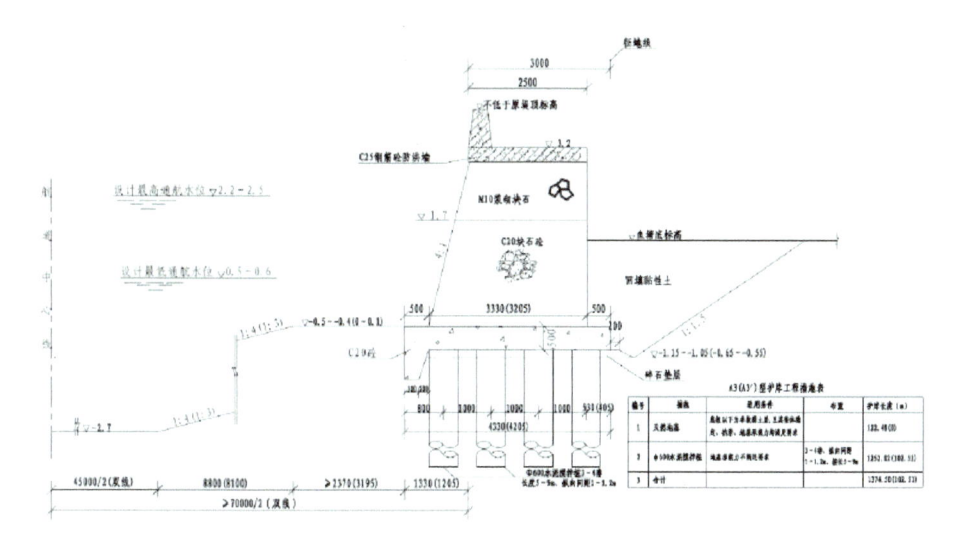

图 3.1-10　A3型护岸结构示意图

(3) 薄壁圆筒＋内填块石仰斜式护岸(B型)

B型护岸顶高程3.2 m,底板顶面高程根据地质取－0.5～－0.4 m。该护岸为C25钢筋混凝土预制开孔圆筒箱体,内填片石,表面填土,下部现浇C20混凝土与底板连接的仰斜式结构,底板基础采用C20钢筋混凝土,圆筒箱体直径取1.85 m,壁厚0.2 m,圆筒之间通过C25钢筋混凝土现浇砌块连接。护岸结构见图3.1-11。

(4) 服务区护岸(D1型和D2型)

练市杨堡塘综合服务区和新市韶村服务区采用D1型护岸,护岸结构按2 000吨船舶荷载设计,挡墙采用二级挡墙(高程2.6 m以下为衡重式结构,高程2.6～3.6 m之间为小的直立式挡墙),底板顶面高程－2.7～－2.6 m。底板采用600 mm厚的C25钢筋混凝土,墙身采用C20块石混凝土并悬挂防撞设施,墙身宽度为2.2 m,墙身上方采用500 mm厚的C25混凝土压顶。根据地质情况基础采用底板下横向打两排ϕ800 mm钻孔灌注桩,并在其后方打设4排ϕ600 mm水泥搅拌桩的处理方式。灌注桩和水泥搅拌桩的纵向间距

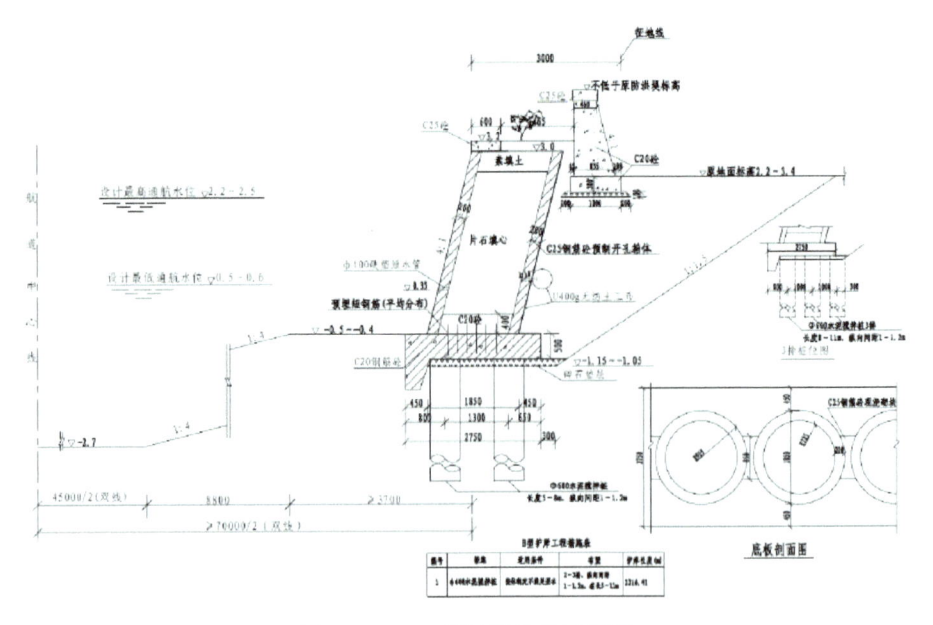

图 3.1-11　B 型护岸结构示意图

分别为 2.4 m 和 1 m，练市杨堡塘综合服务区和新市韶村服务区的灌注桩桩长分别为 18 m 和 15 m，水泥搅拌桩桩长分别为 6 m 和 8 m，梅花形布置。护岸结构见图 3.1-12。

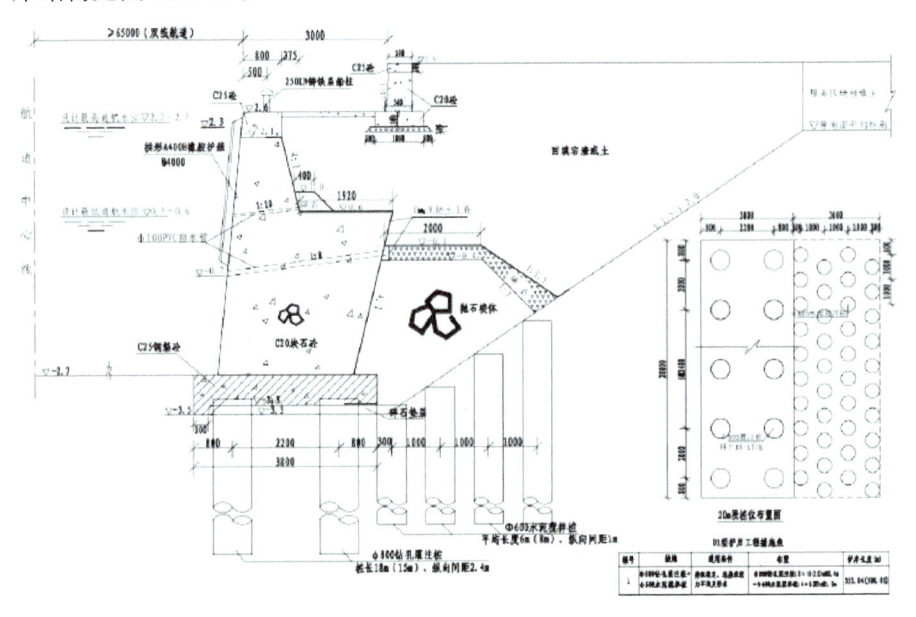

图 3.1-12　D1 型护岸结构示意图

北兆林锚泊区和绿康锚泊区采用 D2 型护岸,护岸结构按 2 000 吨船舶荷载设计,挡墙采用衡重式结构,挡墙顶高程 3.2 m,底板顶面高程 −2.7～−2.6 m。底板采用 600 mm 厚的 C25 钢筋混凝土,墙身采用 C20 块石混凝土并悬挂防撞设施,墙身宽度为 2.2 m,墙身上方采用 500 mm 厚的 C25 混凝土压顶。护岸压顶 3 m 后设计防洪堤结构(顶标高为 4.2 m)。根据地质情况基础采用底板下横向打两排 φ800 mm 钻孔灌注桩,并根据整体稳定需要在北兆林锚泊区挡墙后方打设 4 排 φ600 mm 水泥搅拌桩的处理方式。灌注桩和水泥搅拌桩的纵向间距分别为 2.4 m 和 1 m,北兆林锚泊区和绿康锚泊区的灌注桩桩长分别为 16 m 和 24 m,北兆林锚泊区的水泥搅拌桩桩长为 6 m,梅花形布置。护岸结构见图 3.1-13。

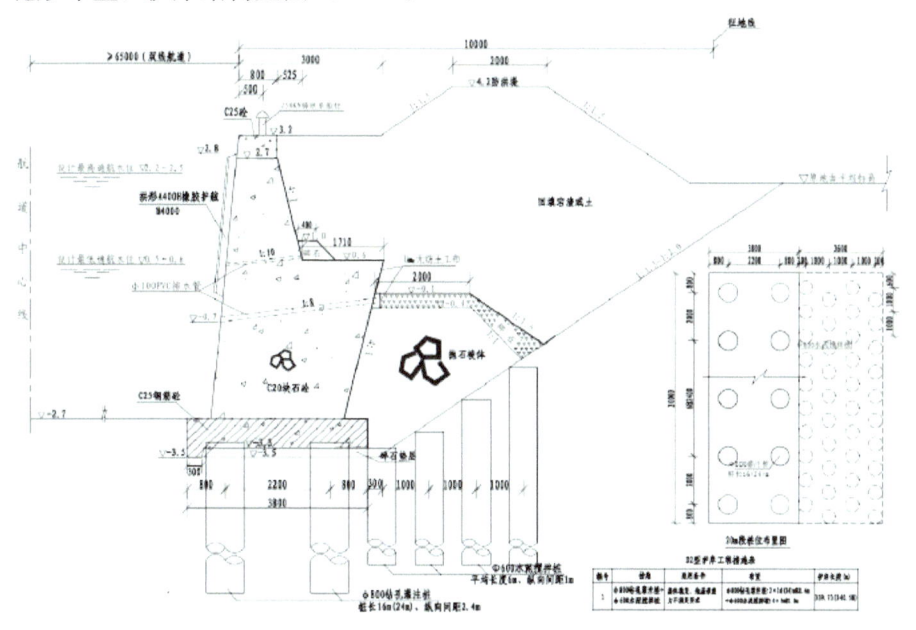

图 3.1-13　D2 型护岸结构示意图

考虑到服务区和码头采用二档停靠,系船柱的系缆力标准值调整为 250 kN 吨级,每间隔 15 m 左右设置一个;考虑到船员上下要求每个泊位设置了爬梯或踏步,防冲设施采用拱形 400 的橡胶护舷。

(5) 预制混凝土板桩护岸(E1 型)

对于双线航道单面宽 35～45 m,三线航道单面宽 45～55 m,基本无需疏浚的河段,拟在原护岸前沿采用预制混凝土板桩加面层浆砌块石修复结构。原护岸面层在标高 1.7 m 以上采用 40 cm 厚的 M10 浆砌块石修复,并在顶部采用20 cm厚的C25混凝土压顶,在标高1.7 m以下现浇40 cm厚的C20素混凝土与板桩相连。根据地质情况及疏浚深度,确定桩的长度为2 m,板桩厚200 mm,施工需要围堰。护岸结构见图3.1-14。

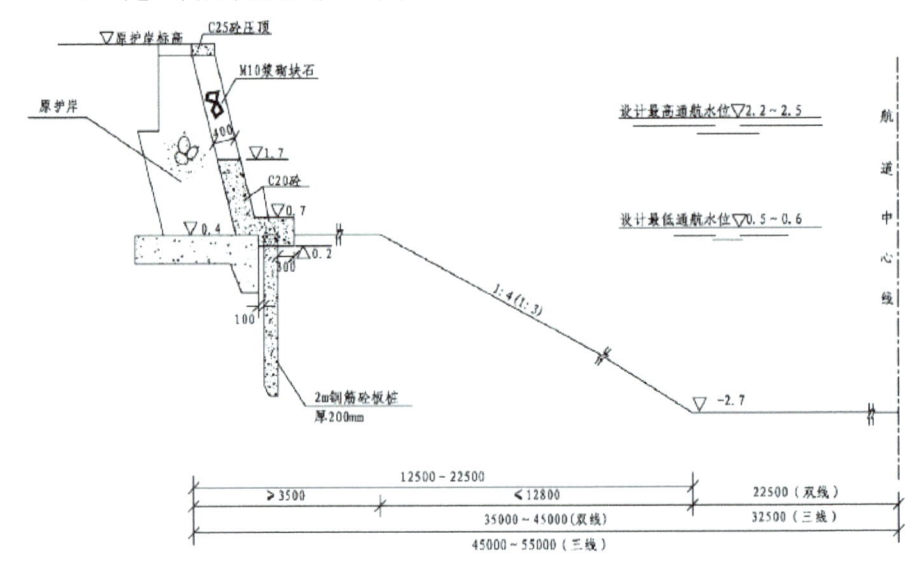

图3.1-14　E1型护岸结构示意图

(6) 钢板桩护岸(E2A型和E2B型)

对于双线航道单面宽35~45 m,三线航道单面宽45~55 m,局部疏浚较大的航段(E2A)或双线航道原单面宽29~35 m且岸边附近有居住房的护岸保留河段(E2B),拟在原护岸前沿采用钢板桩结构,钢板桩截面高度为200 mm,宽600 mm,E2A型护岸钢板厚8 mm,E2B型护岸钢板厚9 mm,采用厚浆型环氧漆防腐,最小局部厚度500 μm,桩长7~15 m,并在标高1.6 m以上浇筑500 mm厚的C30钢筋混凝土帽梁,帽梁上每隔40 m设警示柱一道。钢板桩与原河岸间回填土,并种植芦苇等植物。护岸结构见图3.1-15和图3.1-16。

(7) 灌注桩护岸(E3型)

对于双线航道原单面宽29~35 m且岸边有居住房的护岸保留河段,拟在原护岸前沿采用灌注桩加小板桩结构,并在标高1.5 m以上浇筑600 mm厚的C30钢筋混凝土帽梁,帽梁上每隔40 m设警示柱一道。根据地质情况确定桩径φ800 mm、桩间距1.7 m,钻孔灌注桩桩长10~12 m,其中桩间用4.3 m长小板桩止土。灌注桩与原河岸间回填土,并种植芦苇等植物。护岸结构见图3.1-17。

第3章 生态护岸结构优化研究

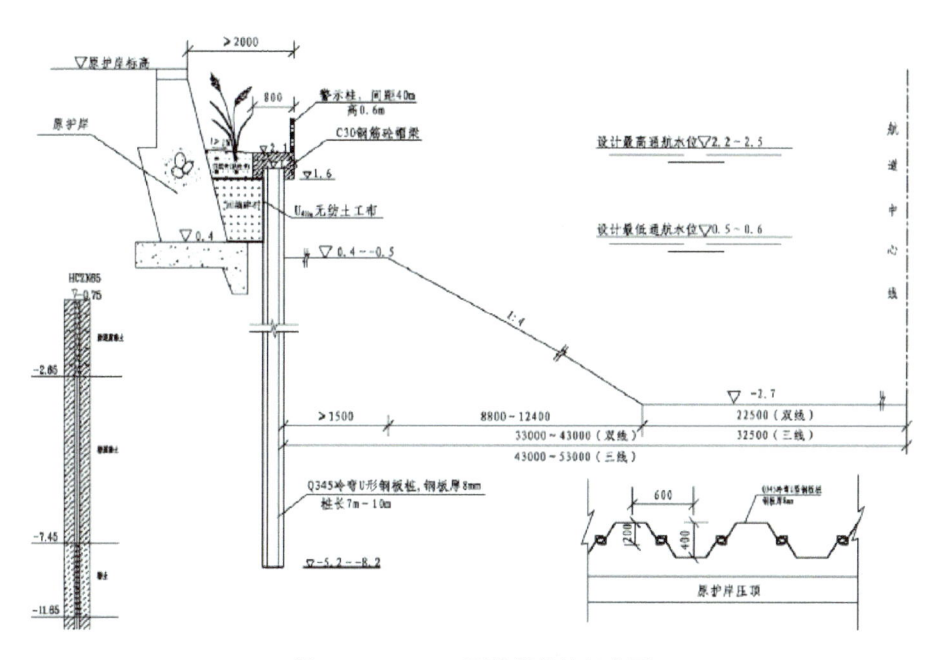

图 3.1-15 E2A 型护岸结构示意图

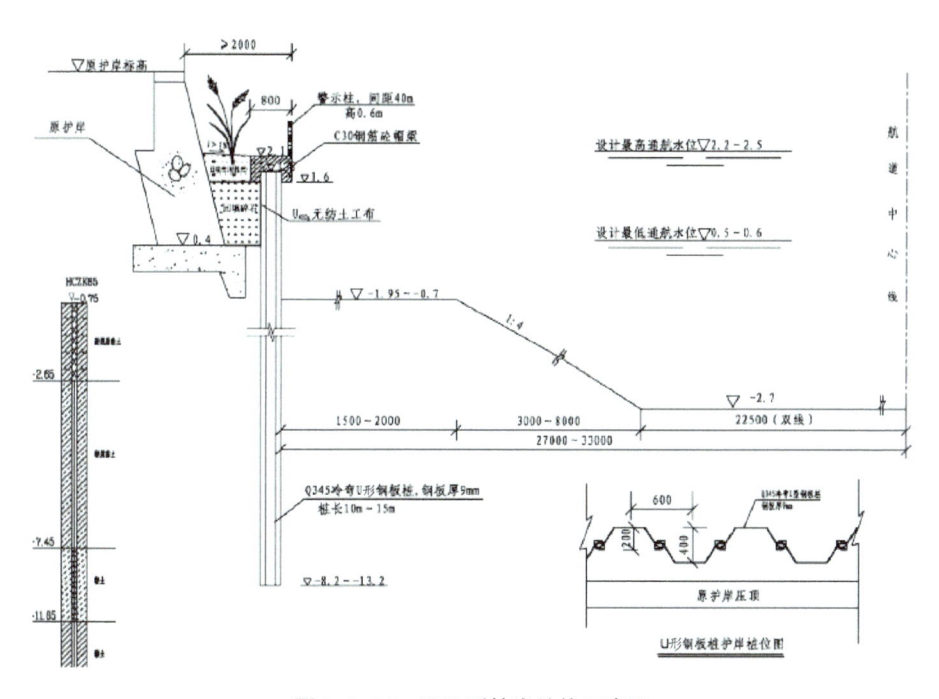

图 3.1-16 E2B 型护岸结构示意图

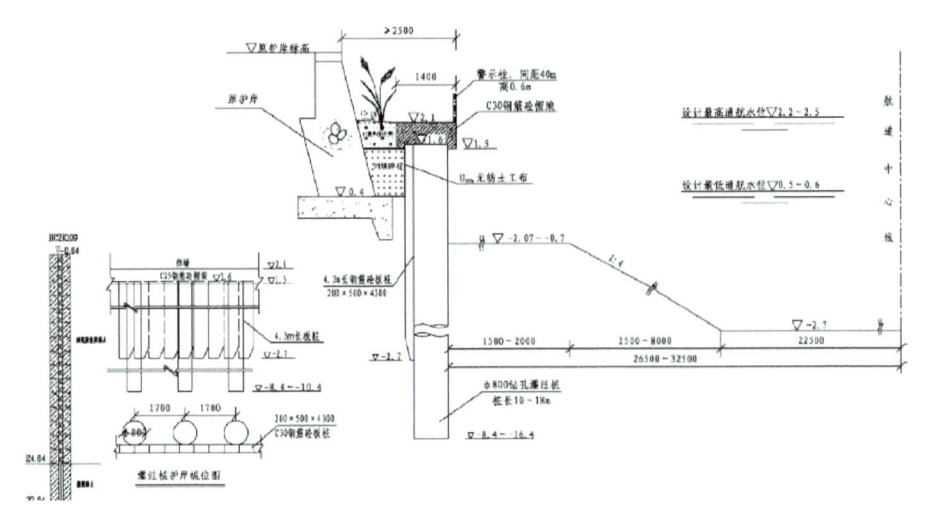

图 3.1-17　E3 型护岸结构示意图

(8) U 形预应力混凝土板桩护岸(E4 型)

该护岸板桩在原护岸前沿密打,板桩截面高度为 350～600 mm,宽 1.0 m,桩长 7.0～9.3 m。在标高 1.35 m 以上浇筑 C30 钢筋混凝土帽梁,帽梁厚 650～750 mm,帽梁上每隔 40 m 设警示柱一道。护岸结构见图 3.1-18。

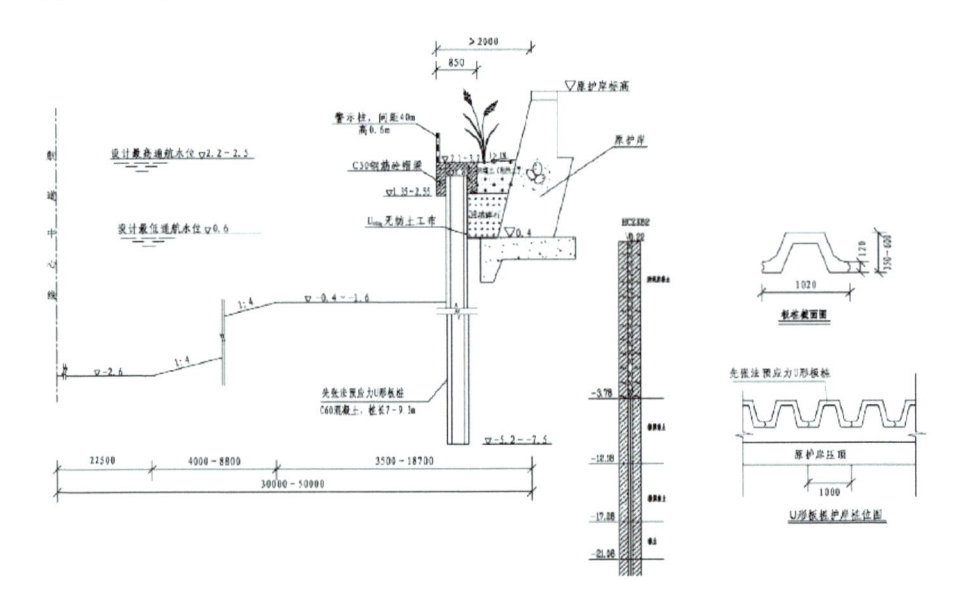

图 3.1-18　E4 型护岸结构示意图

3.1.3 京杭运河嘉兴段护岸

目前浙江省航道普遍采用直立齿坎式浆砌块石结构,局部地段采用下斜上直护岸(下部斜坡为砼或浆砌块石结构,上部为直立式浆砌块石结构)、二阶式护岸、下直上斜护岸(下部为直立式浆砌块石结构,上部为硅方格植草)、斜坡式护岸(主要为混凝土预制连锁块护坡和抛石护坡+上部植草)等护岸结构。以直立式护岸为主的选型符合杭嘉湖地区土地资源少、地面附着物多的特点。根据该工程的具体情况,在粉土地段新建护岸采用钢板桩加防洪墙的结构型式,在河面较宽的部分采用护坡+种植芦苇的生态护岸。加固护岸采用灌注桩结构、钢筋砼板桩、钢板桩等几类型式,具体结构型式与湖州段相差不大,在此不做进一步介绍。

3.2 浙江省其他典型内河航道护岸型式

在浙江内河水运中,骨干航道是浙江省内河航运基础设施的关键,是长江三角洲地区高等级航道网的关键组成部分。护岸型式的选择对防止水土流失、保持航道稳定以及在防洪排涝工程中起到非常重要的作用。以下对航道的护岸型式进行分析。

3.2.1 长湖申线典型护岸型式

长湖申线横跨两省一市,是长江三角洲地区东西向的关键运输通道,也是长江三角洲地区最繁忙的航道之一。该线西起长兴,经湖州、江苏吴江、平望,最后止于上海西泖河口与苏申外港线相连,全长 144 km,其中湖州(浙江)段长 78 km。该航道在区域经济和社会发展中起着非常重要的作用。目前长湖申线比较典型的护岸型式如下。

(1) 衡重式护岸

衡重式挡墙在修复护岸坍塌损毁中起着重要作用。在长湖申线八字桥至弁南大桥段右岸,航道桩号 K'26+400~540 范围附近的护岸坍塌损毁处,采用衡重式挡墙护岸进行坍塌损毁修复。在保持护岸前沿线、前缘面坡及底板面高程与原设计一致的基础上,底板下部设置 PHC-AB500(100)预应力管桩基础,预应力管桩后排设 ϕ500 mm 水泥土粉体搅拌桩,加厚底板结构至 600 mm,宽度提高至 2.5 m,同时底板采用钢筋混凝土结构。上墙身以 M10 浆砌块石作为衡重式挡墙,设置 1∶0.25 的背坡,衡重台宽 0.72 m,下墙身设置 2.5∶1 的背坡,墙身内设排水管。墙身后侧采用宕渣回填,墙身后侧 2 m 处设置总宽 5.5 m 的卸荷沟。

(2) 预制混凝土开孔沉箱式护岸

预制混凝土开孔沉箱式护岸采用预制钢筋混凝土开孔空箱结构,墙前后开孔,基础可现浇或预制,采用预制混凝土沉箱形成护岸墙体,箱内可以级配块石加以填土绿化,强化护岸透水性,再造湿地环境,为动植物的生长提供条件,沉箱上部可种植生态植物,墙后采用反滤系统。主要特点为景观性和生态性好,施工速度快,耐久性性好,征地小,但维护困难,造价高。由于其造价高,地基适应性不足,适合于用地紧张、地面附着物较多、地质较好的地段。

(3) M 形预制块面护岸

M 形预制块护面护岸的特点是采用 M 形劈离块护面和 C25 混凝土护面结构。上部块体截面形状为 M 形,长 48 cm,宽 24 cm,厚 15 cm,似天然石材,景观效果好。块体下部护面为 C25 混凝土。挡墙墙体为传统浆砌块石结构,墙体下部设置 ϕ50 mm 泄水管。护岸基础采用 C20 混凝土,厚度为 40 cm。

(4) M 形+H 形预制块体组合护岸

M 形+H 形预制块体组合护岸由两种不同的预制块体组合而成,墙体前侧护面采用 M 形预制块体,后侧为 H 形预制块体,采用不同的错位摆放形式砌成墙体,墙体空心处填碎石或 C20 混凝土。H 形与 M 形预制块体之间灌注 C20 混凝土。

(5) 预制空心块护岸

护岸结构采用预制块体上下搭接的形式,迎水面宽 78 cm,纵向长 1 m,厚 30 cm,块体内空腔宽 30 cm,两边外侧空腔宽均为 14 cm,块体强度为 C25 混凝土。上下及左右块体间用 2 cm 的 M10 砂浆抹平,在伸缩缝两端向块体空腔内灌 2 道 C25 细石混凝土,并用小型插入式振捣器振捣密实,最下层预埋泄水管处块体预留泄水孔,孔径为 60 mm,在压顶下的砌体及有预埋泄水管的砌体内采用碎石回填,其余空腔内回填土。护岸基础采用 C20 混凝土,厚度为 40 cm。

(6) 预制板桩护岸

预制板桩护岸,板桩可以是钢板桩也可以是混凝土板桩。在预制混凝土板桩中,U 形预应力混凝土板桩护岸的受力性能较为出色。在普通的预制板桩护岸中,原有岸坡前密打一排板桩,板桩强度为 C30 混凝土,单体截面形状为长方形,截面长 50 cm、宽 20 cm,桩长 4 m,上方浇筑 C30 帽梁,内配构造钢筋,板桩伸入帽梁 10 cm。板桩与原有岸坡间隙处回填碎石和土。预制板桩结构简单,板桩可由工厂预制,质量易控制,施工方便。

(7) 灌注桩＋预制板桩护岸

灌注桩＋预制板桩护岸,桩基采用前排灌注桩、后排密打板桩的结构,灌注桩单体截面为 ϕ800 mm 圆形,桩长 14 m,灌注桩间距 2.5 m,板桩单体截面形状为长方形,截面长 50 cm、宽 20 cm,桩长 3 m,上方浇筑 C30 帽梁,内配构造钢筋,灌注桩与板桩均伸入帽梁 10 cm。帽梁上方垒砌挡墙,墙体可采用传统 M10 浆砌块石结构。板桩与原有岸坡间隙处回填片石和土。

3.2.2 杭平申线典型护岸型式

杭平申线位于经济发达、人口稠密、城市密集的江南水网平原地区,是沟通浙江与上海之间的跨省市航道,是杭州、嘉兴与上海之间油品、优质石料、煤炭等大宗物资的集输运通道,是嘉兴港海河联运的一条主要水上通道,也是一条集装箱通道,在促进长江三角洲航道网对杭州湾北岸沿线的辐射和区域经济发展中具有重要作用。目前,杭平申线中比较典型的护岸大多与长湖申线的较为相似,用得比较多的型式是预制混凝土开孔沉箱式护岸、M 形预制块护面护岸、预制圆筒墙体护岸、衡重式护岸等,已在前文中对长湖申线的护岸型式进行了介绍,此处不再赘述。

(1) 组合工字形生态护岸

杭平申线(五星桥—长生桥段)航道改造工程应用了该组合工字形生态护岸。组合工字形生态护岸由工字形砌块分层交错堆砌而成,砌块中间空腔内回填碎石,最上面的五层用原土回填,在回填的基础上种植绿色植物,四周小孔内按设计要求插入钢筋并灌入细石混凝土,使之成为一个整体。在砌块空腔内进行生态种植时,考虑到内河航道近水的特殊性,宜种植易于成活的水生绿色植物以确保绿化效果;为保证护岸的整洁美观,宜选用四季长青的绿色植被。

(2) 预制块体＋加筋带护岸

预制块体＋加筋带护岸为柔性结构。迎水面墙面板采用预制混凝土生态块体,加筋体采用土工格栅,回填料采用粉质黏土或黏土,该生态块体具有工厂化制作、质量容易得到保证、砌块腔体内种植绿化后景观效果好的特点,同时该柔性结构有释放、消减土压力的作用。但墙体后采用分层加筋带铺设,土方分层压实,施工速度慢;预制块体间仅通过锚固棒及错缝衔接,抗撞、抗冲刷能力较弱,整体稳定性较差,后期维护麻烦。该类护岸在浙江杭平申线航道中已有应用。

(3) 开孔圆筒+T形插板护岸

在杭申线浙江段航道养护工程中对该护岸结构进行试验段研究。护岸钢筋砼底板厚0.5 m，上部间隔布置预制钢筋砼圆筒，圆筒之间采用T形预制板连接，护岸底板上圆筒与T形插板交替布置，圆筒外径1.5 m，筒壁厚0.16 m，插板长3 m，厚0.2 m，墙后设置顶高程0.4 m、坡度1∶1.5的抛石棱体。圆筒内填筑片石，常水位以下设有生态孔，有利于水体交换和动物栖息，圆筒顶部填土种植绿化，使护岸融入景观中，减小护岸混凝土面层的突兀感，生态景观效果好。

3.2.3　湖嘉申线典型护岸型式

湖嘉申线位于太湖水网地区，连接湖州、嘉兴、上海等地。湖嘉申线航道全长90.3 km，是我国长江三角洲地区"两纵六横"高等级航道的重要组成部分，是浙西北地区通往上海最便捷的水上通道。湖嘉申线浙江段航道位于浙北杭嘉湖东部平原河网地区，西起自湖州船闸，沿东苕溪向南，于吴沈门水闸折向东经老龙溪进入双林塘，然后沿双林塘向东，经双林镇于日辉桥进入京杭运河。目前湖嘉申线具有如下比较典型的护岸型式。

(1) 混凝土预制砌块挡墙护岸

挡墙采用C25生态混凝土预制块式，生态混凝土具有较高的透气性，墙下用混凝土方桩作为基础，基础上浇筑混凝土形成承重平台，混凝土墙顶设透水砖慢行道。墙前设镇压平台，再按1∶3的坡度延至规划河床。墙顶设一个平台，再以1∶3的坡度延至规划地面高程。墙后高程2.4 m、1.6 m处各设一道TGSG40型双向土工格栅。墙后先回填矿渣，其他部分利用开挖料中土质较好的部分，两种回填料接触面铺设无纺土工布。护岸挡墙采用C25钢筋混凝土底板结合预制桩，梅花形布置。

(2) 抛石护岸断面

抛石护岸适用于护岸离航道边线大于30 m的面宽较大、河岸原生态较好或强调亲水景观的地段，在马道部位采用植水生植物+抛石防护，在斜坡段采用原植被和景观植草相结合的方式。其主要特点为抗水流和船行波冲击的能力及耐久性差些，但工程造价低，地基适应性好，维护简单，生态景观好，对河岸的破坏小。抛石护岸断面结构在湖嘉申线湖州段已有一段应用。

(3) 生态砌块护岸

该生态砌块护岸型式一般情况下适用于坡度为1∶0.3、1∶0.5以及1∶1以及石料较缺乏的平原河道的护岸工程之中。挡墙墙面及墙体可种植植物,直立面种植垂挂式植被,生态砌块的制作材料主要为水泥基增强复合混凝土和HPB300钢筋,本质为异形混凝土预制块,通过一定的砌筑方式形成挡墙。挡墙顶部可设置亲水游步道与植物绿化带相结合的布置,可以增强其生态效果。该生态砌块护岸在扩大杭嘉湖南排工程中得到了应用。

3.2.4 杭湖锡线典型护岸型式

杭湖锡线是连接杭州与无锡的水上通道,也是钱塘江中上游地域至湖州等地物资往来的运输通道。

(1) 直立矮墙+混凝土方格植草护岸

直立矮墙+混凝土方格植草护岸结构下部的直立式挡墙较为常规,设置的顶高程往往比设计最高通航水位略高,以防船舶在高水位航行时触底,在直立式护岸后方设置一平台,然后采用斜坡与防洪堤或原地面相连。其主要特点为亲水性和景观好,在通航水位范围内防护效果好,地基适应性好,造价低,施工简单,但征地较大。

(2) 松木桩护岸(C1型和C2型)

松木桩护岸一般适应荷载较轻的建筑物地基,土层数较少,一般软土层厚度小于5 m,松木桩生态护岸在浙江省内河航道养护工程中采用得相对较多。在杭州郊区河道以及西溪湿地主航道治理工程中,河道水面宽阔处采用C1型松木桩护岸结构,岸坡向河道方向一定距离内设置1排梢径120 mm的松木桩,松木桩内侧设置竹篱笆和土工布,桩内下部0.5 m范围内回填碎石,上部0.5 m范围内回填淤泥质土;于淤泥质土上种植喜水植物,利用植物的消浪效应,减少波浪对驳岸的冲刷作用;驳岸上可种植美人蕉、芦竹等水保植物,以达到固土护岸、减少水土流失的效果。航道转弯处采用C2型松木桩护岸结构,岸坡向河道方向一定距离内设置1排梢径120 mm的松木桩,松木桩内侧设置竹篱笆和土工布,桩内回填碎石;常水位以上0.8 m范围内设置生态袋,生态袋施工中压植柳树枝条1把,成活后与生态袋紧密结合。护岸顶部种植云南黄馨、野蔷薇等藤本植物悬挂,在视觉上柔化垂直驳岸。

3.2.5 浙南流域典型护岸型式

浙南流域护岸型式主要是指温州西南山区玉溪流域生态河道建设工程、温州瓯海区应急段以及鳌江流域江西垟片河道的护岸型式。在这些流域的护岸中,自然型生态护岸比较多,有的自然型护岸还辅以一定比例的人工材料。目前该流域的主要护岸型式如下。

(1) 护岸标准结构断面(A1 型和 A2 型)

A1 型护岸标准结构断面整体为上下斜坡式。温州江西垟片河道部分河段河畔有大量乔木、灌木,适用 A1 型护岸标准结构断面,该结构堤线外侧以 1∶3 的坡度先延至 2.0 m 平台,平台宽 2.5 m,再延至设计河底高程;于 2.0 m 高程平台及岸边斜坡布置水生植物区;堤顶布置 1.0 m 宽的步行道;后方绿化带将结合滨水生态绿化实施。A2 型护岸标准结构断面整体为上斜下直式,高程 2.9 m 以下均为直立式挡墙结构,挡墙砌筑所用材料为块石,断面基础用预制桩基进行处理;墙顶以上布置三维土工网植草渐变至步行道,步行道高程 3.2 m;挡墙前镇压平台宽度为 2.5 m,平台高程为 1.0 m,再以 1∶3 的坡度或稳定自然坡度延至设计河底高程。

(2) 格宾石笼挡墙(B2 型)

浙江省东南鳌江流域江西垟平原排涝工程中的一段区域采用 B2 型格宾挡墙生态护岸,该护岸的基础是采用 C25 预制方桩用桩帽连接固定,桩帽上浇筑混凝土形成支撑平台,平台上砌筑挡墙,挡墙采用格宾石笼网箱结构,网箱分 3 层摆放,底层厚 0.4 m,顶部各层均为 0.8 m。墙后回填砂性土或矿渣,回填料与墙体间接触面铺设无纺土工布。衬砌挡墙采用松木板布置,每延米布置预制桩,长 6.0 m。

(3) 高仿松木桩护岸(C3 型)

C3 型护岸在浙南温州瓯海区应急段中运用。C3 型松木桩护岸为高仿松木桩护岸,比实木的耐久性好,但生态性有所降低,迎水侧采用仿松木桩进行防护,防护顶高程一般为 2.9 m,略高于河道常水位高程。仿松木桩内侧采用石渣+无纺土工布反滤,并采用竹篱挡土。其后设亲水平台,平台宽度 1.5 m,平台上布置 0.75 m 宽的条石游步道,之后采用约 1∶3 的斜坡与现状地面高程相接。

(4) 抛石护岸(D2 型)

在该结构中直接对岸坡进行抛石,并在驳岸线叠石至 2.9 m 高程,之后采用约 1∶2 的斜坡与现状地面高程相接,其后设平台宽度 1.5 m,其中设置 0.75 m 宽的条石游步道。适用于受人群活动影响小、驳坎前沿高程较高的河段,美观自然,施工方便,具有一定的抗冲能力,造价低,但工程质量较难控制。

3.3 护岸型式比较分析

将上节中提及的护岸型式按照重力式护岸、桩基加固护岸、自然型生态护岸进行分类,护岸型式见3.1节和3.2节,各护岸型式的特点如表3.3-1~表3.3-6所示。

(1) 重力式护岸结构坚固耐久,在不是很宽阔的航道水域,重力式护岸前沿形成直立结构,可以节约岸侧的空间。重力式护岸施工技术较成熟,施工简单,后期维护方便,维护成本低。若地基土质条件较差、地基承载能力不满足要求,可采用桩基+混凝土平台的方法来形成基础,提高地基承载力。从生态角度考虑,预制混凝土开孔沉箱式护岸、组合工字形生态护岸、混凝土预制砌块挡墙护岸、京杭运河杭州段E型护岸、格宾石笼挡墙的生态性较好。对于新开挖航道,常水位以下需减小护岸的透水性,常水位以上可考虑增加生态效果。

(2) 桩基加固护岸主要靠板桩沉入地基维持工作。其结构简单,用料少,造价低,主要构件在预制厂制作,施工方便,速度快。将其打入地基形成直立的护岸,能够节省航道空间,尤其适用于航道原有护岸需要进行加固处理的情况。但由于板桩顶部可能的位移较大,对于距离护岸较近、有房屋等需要控制位移的航段,需要考虑其他的处理措施。如果为了减少桩顶部的位移,可以考虑灌注桩+小板桩的护岸方案。从护岸生态角度考虑,松木桩护岸、京杭运河杭州段C1型护岸的生态性较好。

(3) 在考虑经济实用的基础上也需注重对自然环境的影响,在一些水流速度较小、冲刷能力较弱以及当地取材较方便的河段,尽量选用对环境污染较小的结构及工程材料。浙江内河中存在比较多的自然型生态护岸,并辅以占比较少的人工材料。自然护岸具有良好的生态效果,在使用自然型生态护岸时,根据当地的自然情况,可以充分利用护岸河段原始生态较好的特点,针对部分航段高水位以上覆盖着较茂盛的灌木杂树或野生茅草且有大片芦苇覆盖在河道的中水位附近的特点,在不考虑开挖新建时,可以利用抛石护住坡脚,并在抛石以外一定范围内再种植成片芦苇。这样不仅为鱼虾和水鸟等生物的繁衍提供了生存保障,对于减小船行波的冲击也能起到一定的作用。再者该方案是在原来的旧式护岸受损的基础上对原护岸进行生态植物的修复,以达到环保、经济、实用的要求。

表 3.3-1　京杭运河杭州段护岸比较

结构型式		结构比较			生态效果比较
		适用条件	优点	缺点	
重力式	A1型	适用于地面高程较低、防洪墙后方不回填的航段	强度高,耐久性好且施工方便,施工工艺相对成熟,造价相对便宜	混凝土用量比浆砌块石护岸用量多;自重大,对地基承载力有要求;防洪墙坐落于基坑开挖后回填土体上方,易发生沉降,基础需桩基处理	护坡固土效果较好,植栽型砌块为多孔结构,排水性能较好;坝体采用混凝土和块石混凝土,透水性低
	A2型	适用于地面高程较高、防洪墙后方需要回填的航段			上部为斜坡式,可提供一定的生物栖息空间,但容易水土流失和破坏坡面;直立式挡墙透水性低
	A3型	适用于防洪墙后方不回填的航段			多孔结构有利于植物生长,较自然型护岸稳定性以及耐冲刷性较好,透水性低
	B型	适用于对结构顶面有作业要求的情况			抗水流冲刷强度较大,护面和坝体透水性差,整体生态性差
	E型	适用于航道断面不够开阔、对生态有一定要求的情况	强度较高	施工需围堰,施工工艺比较复杂,造价高	消浪效果、生态性较好
桩基加固式	C1型	适用于砂质粉土地段的新建护岸	强度较高,施工工艺成熟,无挤土效应;浅基坑开挖,施工方便快速,结构质量、施工安全易得到保障	灌注桩施工时对环境影响较大,造价相对较高	防洪墙采用植栽型生态砌块挡墙或钢筋混凝土框格植草生态护坡型式,生态性好;帽梁为混凝土浇筑,生态性稍有不足
	D型	适用于航道无需疏浚、整体稳定满足要求且原护岸需要进行修复的河段	结构强度大,耐久性好,避免后方大开挖	板桩间的密实度、水平线型及垂直度得不到保障,挤土效应比较明显;打桩对后方陆域的房屋及周围环境产生影响,有噪音污染	占地面积较小,透水性和景观性不足

表 3.3-2　京杭运河湖州段护岸比较

结构型式		结构比较			生态效果比较
		适用条件	优点	缺点	
重力式	A1 型	适用于（粉质）黏土、淤泥质（粉质）黏土地段的新建护岸	结构坚固，耐久性好；形式简单、施工方便；可就地取材，适应性强，应用广泛；造价相对较低	墙身截面大，圬工数量也大；在软弱地基上修建时需要进行地基处理	劈离块护面具有一定透水性，并可提供生物栖息空间；坝体采用浆砌块石，透水性差，整体生态性一般
	A2 型	适用于（粉质）黏土、淤泥质（粉质）黏土地段的新建护岸			生态砌块护面具有良好的透水性和透气性，并可提供一定的生物栖息空间；坝体采用浆砌块石，透水性差，整体生态性一般
	A3 型	适用于（粉质）黏土、淤泥质（粉质）黏土鱼塘段的新建护岸			护面和坝体透水性差，整体生态性差
	B 型（薄壁圆筒＋内填块石仰斜式护岸）	对地基土质适应性较强	强度高，耐久性好；预制薄壁圆筒形式简单，施工方便；内填料可就地取材，适应性强，应用广泛	造价高；墙身截面大，内填用料多；在软弱地基上修建时需要进行地基处理	透水性预制混凝土沉箱的透水性较好，并可提供一定的生物栖息空间；整体生态性较好
	D 型（服务区护岸）	适用于服务区、有船舶靠岸的航段	强度高，能承受比较大的水平力；形式简单，施工方便；可就地取材，适应性强，应用广泛	墙身截面大，圬工数量也大；在软弱地基上修建时需要进行地基处理	护面和坝体透水性差，整体生态性差
桩基加固式	E1 型（预制混凝土板桩护岸）	适用于航道无需疏浚、整体稳定满足要求且原护岸需要进行修复的河段	结构强度高，耐久性好；避免后方大开挖	板桩间的密实度、水平线型及垂直度得不到保障；无法用打桩船的情况下，需要做施工围堰；打桩的振动对后方陆域房屋及周边的影响较大，有噪声污染	护面和坝体透水性差，整体生态性差

续表

结构型式		结构比较			生态效果比较
		适用条件	优点	缺点	
桩基加固式	E2A/E2B型（钢板桩护岸）	适用于局部疏浚较大、岸边有居住房的护岸保留河段的航段	承载力高，施工方便，排土量小，对后方房屋及周边影响相对较小；减少工程周期、节省土地资源	钢材用量大，工程造价较高，打桩机振动噪声较大，易锈蚀，对防腐要求高	临水侧布置水生植物，有利于水体净化和保护水生物多样性
	E3型（灌注桩护岸——灌注板加小板桩结构）	适用于岸边有居住房的护岸保留河段的航段	强度高，耐久性好，施工对后方房屋影响较小	灌注桩易出现缩径、桩孔偏斜等问题，环境影响较大，工程投资较高，施工复杂，质量不易保证	临水侧布置水生植物，有利于水体净化和保护水生物多样性
	E4型（U形预应力混凝土板桩护岸）	适用于周围无建筑物的河段	强度高，施工较方便，投资小	不宜截桩，不能接桩；不同的地质条件对桩长的影响较大；沉桩对后方房屋及周边有较大影响	临水侧布置水生植物，有利于水体净化和保护水生物多样性
自然型护岸		适用于航道断面比较宽阔的航段	对自然岸坡的局部地区进行维护即可，工程造价低	自然岸坡容易被冲刷，岸坡稳定性受影响	景观亲水，生态宜人，河道自然生态体系的功能强

表 3.3-3　长湖申线典型护岸比较

结构型式		结构比较			生态效果比较
		适用条件	优点	缺点	
重力式	衡重式护岸	适用于砂质粉土地段	结构强度大，耐久性好	施工速度较慢	堤后回填宕渣，充分利用资源；整体透水性较差
	预制混凝土开孔沉箱式护岸	适合于用地紧张、地面附着物较多、地质较好的地段	施工速度快，耐久性好	维护困难，造价较高，地基适应性不高	透水性较好，有一定的生物空间，景观和生态好
	M形预制块护面护岸	适用于取材方便、已有浆砌块石护岸但需要进行进行护面加固处理的地区	强度高，耐久性好且施工方便，施工工艺相对成熟	需使用的石材量较大，浆砌块石人工费较高，施工速度慢	透水性差

续表

结构型式		结构比较			生态效果比较
		适用条件	优点	缺点	
重力式	M形+H形预制块体组合护岸	适用于水流速度较小且地基土质较好的区域	主要材料可以进行预制,施工效率高	混凝土用量比浆砌块石护岸用量多;自重大,对地基承载力有要求	透水性差,景观性不足
	预制空心块护岸	适用于水流速度小且堤顶高程较低的岸坡	节省石料,维修方便,复原性好	混凝土用量比浆砌块石护岸用量多;自重大,对地基承载力有要求	具有一定生态效果,景观性较好
桩基加固式	预制板桩护岸	适用于施工区域有限且有原有护岸的河段	避免后方大开挖,结构简单,易控制,施工方便	板桩间的密实度、水平线型及垂直度得不到保障	透水性较好,具有一定生态效果
	灌注桩+预制板桩	适用于附近有居住房的护岸保留河段的航段	灌注桩对路与后方房屋产生的振动影响较小	施工复杂,灌注桩质量不易保证,投资较大	透水性差,景观性不足

表 3.3-4　杭平申线典型护岸比较

结构型式		结构比较			生态效果比较
		适用条件	优点	缺点	
重力式	组合工字形生态护岸	适用于施工场地比较有限的河段	现场组装快捷方便,减少临时施工用地,维修方便,复原性好	自重大,对地基承载力有要求	透水性好,利于植物生长;对地基土稳定性的要求较高
	预制块体+加筋带护岸	适用于地基土质较差、存在小规模基础沉陷的区域	现场组装快捷方便,减少临时施工用地,对地基承载力要求低,开挖量少	耐久性不足,易受到破坏	透水性较好,景观性不足
桩基加固式	开孔圆筒+T形插板护岸	适用于水流速度较大、船行波浪较高的地段	消浪效果好,施工方便快捷且质量易保证,强度较高	施工需围堰,施工工艺比较复杂,造价高	生态景观效果好

表 3.3-5　湖嘉申线典型护岸型式

结构型式		结构比较			生态效果比较
		适用条件	优点	缺点	
重力式	混凝土预制砌块挡墙护岸	适用于砂质粉土地段的新建护岸	强度较高,施工工艺成熟,无挤土效应;浅基坑开挖,施工方便快速,结构质量、施工安全易得到保障	造价较高,维护不方便	连锁性较好,空隙多,具有生态性
	生态砌块护岸结构	常用于平原河道、常水位以下部分的防护	浅基坑开挖,施工方便快速,结构质量、施工安全易得到保障	造价偏高,开挖回填量较大	整体连锁,具有较多的孔隙,透水性、透气性好,生态效果好
自然型护岸	抛石护岸断面	适用于护岸离航道边线距离较大、河岸原生态较好的河段	工程造价低,地基适应性好,维护简单	抗水流和船行波冲击的能力及耐久性差	生态景观好

表 3.3-6　杭湖锡线典型护岸型式

结构型式		结构比较			生态效果比较
		适用条件	优点	缺点	
重力式	直立矮墙+混凝土方格植草护岸	适用于高低水位差较小、地面高程或防洪堤较高、水流速度较大的地段,如弯道顶冲段、枢纽下游段	地基适应性好,施工简单	造价较高,维护不方便	亲水性和景观性好;需要一定的可用空间
桩基加固式	C1型松木桩护岸	适用于河道两边绿化已成形、河道坍塌不严重的区域,主要用于水下防护,且要求地下水位变化幅度较小、腐蚀性弱的地区	施工方便,排土量小,对后方及周边影响相对较小	露水时松木桩易发生腐烂	美观自然,施工方便,具有一定的抗冲能力,造价低
	C2型松木桩护岸		美观自然,施工方便,具有一定的抗冲能力,造价低	竹篱笆、松木桩易发生腐烂	占地面积小,生态性和景观性好

表 3.3-7　浙南流域典型护岸型式

结构型式		结构比较			生态效果比较
		适用条件	优点	缺点	
重力式	A1 型护岸标准结构断面	适用于水流速度较小的河段	施工简单,造价较低,生态性好	抗冲刷能力弱,占地面积大	生态性好
	A2 型护岸标准结构断面	适用于抗冲刷河段	强度高,耐久性好且施工方便,施工工艺相对成熟	自重大,对地基承载力有要求	抗水流冲击能力强,护岸透水性较弱
	B2 型格宾石笼挡墙	适用于航道断面不够开阔,需要修建直立式护岸且对生态有一定要求的情况	地基土质适应性好	适用范围受限大,料石用量较大	透水性好,生态性好
桩基加固式	C3 型高仿松木桩护岸	适用于河道两边绿化已成形、河道坍塌不严重的区域,主要用于水下防护,且要求地下水位变化幅度较小、腐蚀性弱的地区	施工简单,造价较低,生态性好	占地面积大	生态性较好
自然型护岸	D2 型抛石护岸	适用于水流缓慢的区域	施工简单,造价较低,生态性好	抗冲刷能力弱,占地面积大	生态景观好,生态性较好

3.4　典型护岸结构优化

3.4.1　双阶生态护岸结构

根据浙江省现有护岸型式及特点,归纳提出京杭运河限制性航道采用双阶生态护岸型式。双阶生态护岸型式是指护岸由两级岸坡组成,将河流断面分为主河槽和生态景观断面两部分。第一级岸坡采用直立式护岸,第二级采用直立式或斜坡式护岸,两级护岸间设置生态景观平台,如图 3.4-1 和图 3.4-2 所示。第一级护岸的主要作用是保护河岸,防止河岸冲刷,减少船行波带来的影响。该级护岸的设计必须具有可靠的工程特性——结构稳定性、抗冲刷能力、抗撞击性以及可维护性。第二级护岸的主要作用是提供生态景观,不仅有助于生物群落在此生存繁育,还可满足人们观景的需求,增加河流的人文气息。生态景观平台可供人们休闲娱乐,满足人们"亲水、近水"的需求。该护岸型式实现了功能分离,避免了单一断面的单调性,为河岸空间异质性、景观层次性、人群亲水性提供了必要的基础。此外,双阶生态护岸型式在第一级采用了直立式,节约了土地,适用于城区航道。对于乡村航道,第一级也可用斜坡式护岸,斜坡式护岸可用抛石护坡,抛石粒径可采用式(3-1)确定:

$$d_{\min} = \frac{1}{1.45} \frac{1}{g} \frac{\rho}{\rho_s - \rho} c^2 H^{4/3} \qquad (3-1)$$

式中:c 为综合流速系数;H 为最低通航水位下坡脚处的水深;ρ 为水体密度;ρ_s 为石块密度。

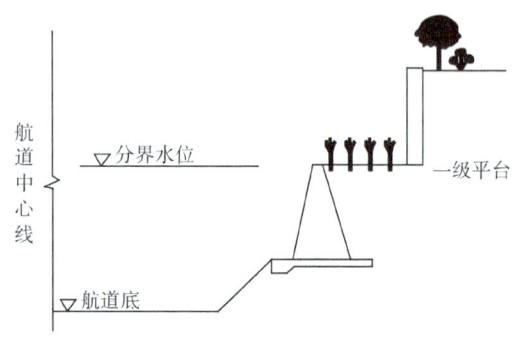

图 3.4-1　直立式+直立式

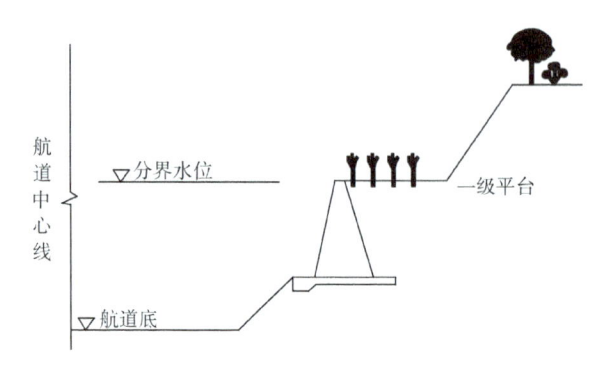

图 3.4-2　直立式+斜坡式

3.4.2 典型生态护岸结构优化

图 3.4-3 所示为新开挖段 A2 型护岸。该护岸结构为双阶直立式＋斜坡式，斜坡段设计为生态袋。生态袋植生性较好，但生态袋堆叠放置，边坡安全性低，耐久性不足，后期需要经常维护。针对该问题，为了维护生态需求，提升边坡安全，同时减少水土流失问题，采用植生型生态混凝土对该结构进行优化。相对于上述传统护岸结构材料，生态混凝土采用无沙的大孔隙混凝土材

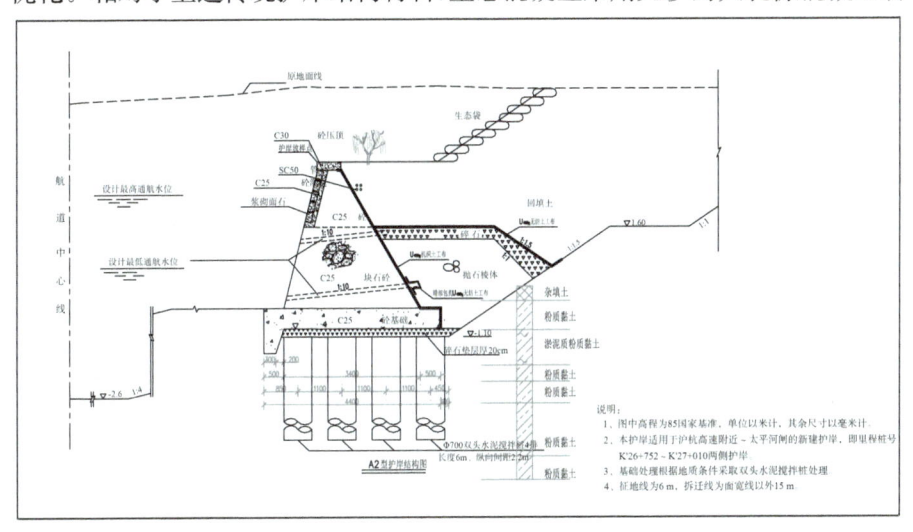

图 3.4-3 A2 型护岸示意图

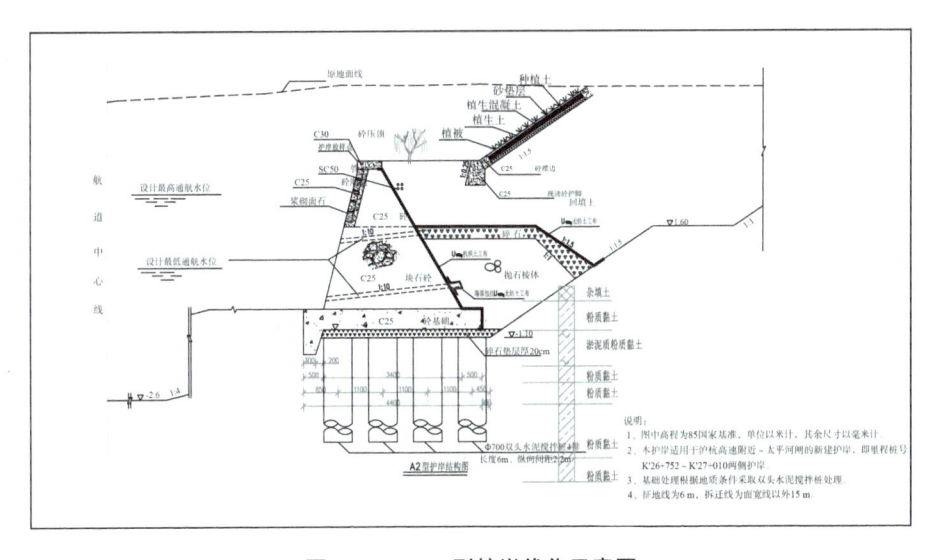

图 3.4-4 A2 型护岸优化示意图

料为基础,利用大骨料混凝土浇筑成型的生态混凝土具有一定强度,使护岸或边坡结构强度较大,在提高护岸结构抗冲刷性能的同时,保留护岸工程中水-土之间的交换通道,大孔隙率更有利于植物的生长,完备的透水性能够起到改善生态条件的作用。这一改进方案解决了护岸工程难以同时具有一定稳定结构性能与优良生态性能的问题。

3.5 现场示范

示范段位于第 HDSG-8 标段。该标段起点为沪杭高速桥,终点为前进服务区,主要施工内容为东西大道桥 1.3 km、护岸工程 2.7 km、水闸两座和服务区码头结构施工 446 m。示范段长 60 m,宽 4 m,主要对 A2 型护岸进行优化。示范段具体施工流程如下(图 3.5-1～图 3.5-10)。

(1) 平坡:确认施工面积,根据图纸设计标示坡比,进行坡面平整、土层夯实、清除施工范围内的浮石等。

(2) 放线、支模板

按图纸设计标示边框高度、宽度及边框间距,进行放线、支模板。模板要牢固,防止跑模、涨模,需预留伸缩缝。护坡底部设置护脚。

(3) 铺设反滤土工布

根据图纸设计的边坡,铺设反滤土工布,土工布规格为 80 g/m^2。

(4) 铺设砂垫层

根据图纸要求,本次铺设砂垫层,砂垫层应均匀并保持干燥。

(5) 浇筑生态混凝土

严格按照配比要求进行选材,严格执行配合比并选用滚桶自落式搅拌机进行现场搅伴,然后人工浇筑生态混凝土,浇筑的生态混凝土厚度为 10 cm。浇筑生态混凝土按照如下规则进行:①搅拌前确定并熟知生产生态混凝土的每立方配合比:300(kg/m^3)水泥;水灰比为 0.35,即用水量 105(kg/m^3)。②根据配合比,在现场测出砂、石的含水率。③计量选用配合比下各种材料的用量,按顺序加入搅拌机中。④搅拌时间控制在 3 min 以上,添加剂必须彻底搅拌均匀,无沉淀;出料时粗细骨料均应表面发亮、浆体粘裹均匀;水灰比控制不可出现流态浆体。⑤浇筑框格内只需表面平整,用铁锹拍打整平,使其表面颗粒呈均匀状态,浇筑时无需任何振捣。

(6) 生态混凝土养护

对浇筑完成后的植生型生态混凝土覆盖防尘网进行养护,减少植生型生态混凝土的水分蒸发。

(7) 生态混凝土降碱处理

养护 28 d 后，在生态混凝土表面喷淋 0.5% 十二烷基苯磺酸钠溶液进行降碱处理，按照 1.5 L/m² 的量，喷淋 3 次，2 次喷淋间隔 3 d。

(8) 覆盖适生材料和耕植土

降碱处理后，在植生型生态混凝土上面覆盖适生材料和一定厚度的耕植土。

(9) 草籽播种

在本示范工程中采用高羊茅和狗牙根混播的方式进行播种，高羊茅和狗牙根的混合比例为 5∶5，按照 65 g/m² 的干草籽密度进行混合播种。高羊茅的高度高，茎笔直，叶子粗大粗糙，狗牙根根系短小，呈匍匐状，对于固定上部土壤有优势。上部土层是最容易散掉的部分，需通过狗牙根进行进一步的加固。两种草坪草混合种植，令整个草坪更加饱满、美观。

(10) 植被养护

播种完成后，适当浇水，后续视天气和耕植土干燥程度进行浇水和植株生长观察。

此外，当施工区离局部区域较近时，可在施工区布置隔音墙进行降噪处理。隔音墙的优化布置方法为：确定有限长的声屏障绕射声衰减量 ΔLd 的影响因素，建立隔音墙不同的高度、位置与噪声衰减强度的相关关系，综合得到优化的数值。

图 3.5-1　示范护坡平坡后支护的模板

图 3.5-2 示范护坡铺设反滤土工布和砂垫层

图 3.5-3 示范护坡浇筑生态混凝土

图 3.5-4　示范护坡覆盖防尘网养护

图 3.5-5　示范护坡喷淋降碱处理

图 3.5-6 示范护坡降碱处理完成后的生态混凝土

图 3.5-7 示范护坡的草籽混播

图 3.5-8 示范护坡上发芽草籽的生长情况

图 3.5-9 示范护坡上植物的生长情况

图 3.5-10 局部区域植物根系生长情况

3.6 小结

京杭运河浙江段护岸主要分为重力式护岸和桩基式护岸。重力式护岸结构坚固耐久；在航道水域不是很宽阔的区域，重力式护岸前沿形成直立结构；若地基土质条件较差、地基承载能力不满足要求时，可采用桩基＋混凝土平台来形成基础，提高地基承载力。从生态角度考虑，预制混凝土开孔沉箱式护岸、组合工字形生态护岸、混凝土预制砌块挡墙护岸、京杭运河杭州段 E 型护岸、格宾石笼挡墙的生态性均较好。桩基加固护岸主要靠板桩沉入地基维持工作，适用于航道原有护岸需要进行加固处理的情况。为了减少桩顶部的位移，可以考虑灌注桩＋小板桩的护岸方案。相对而言，松木桩护岸、京杭运河杭州段 C1 型护岸的生态性较好。此外，本章归纳提出京杭运河限制性航道采用双阶生态护岸型式，并对 A2 型护岸结构进行了生态优化。开展了植生生态混凝土和护岸结构生态优化示范，效果良好。

第 4 章
疏浚弃土固化技术研究

浙江省航道整治、河湖治理工程每年会产生大量疏浚土，尤其是京杭运河浙江段部分航道淤积严重，疏浚工程量较大。将疏浚土抛填至指定区域，既会造成河流、海洋环境及水生态系统的二次污染，又占用了大量土地资源。因此，针对京杭运河浙江段航道疏浚土特性开展资源化利用研究，提高疏浚土利用率，降低疏浚土对环境的影响，是推进生态浙江建设的关键措施之一。

4.1 概述

4.1.1 疏浚土资源化利用技术

目前能有效处理大量疏浚土的资源化利用技术主要包括吹填造陆技术、固化处理技术和轻量化处理技术。

吹填造陆技术是一种典型的土地开发技术，主要原理是利用吹管将淤泥和海水混合后的泥浆输送到指定的吹填区域，之后泥浆经过一系列的落淤、泌水、固结过程，逐渐形成陆域。疏浚泥浆能否在预定工程期限内落淤固结，并满足进行地基处理所需的条件，是吹填造陆工程成功与否的关键。然而，吹填造陆技术具有明显的缺点：吹填后的疏浚土并没有改变土体初始的物理力学性能，仍具有高含水量、高压缩性、低承载力等性质，工程力学性能较差。因此，若要对吹填形成的陆域进一步开发利用，必须进行地基加固处理。同时，疏浚土含有大量的有机质成分，能够为滩涂植被生长提供所需的营养成分，但有机质往往是进一步导致土体强度不高的主要原因。

固化处理技术是指向疏浚淤泥中加入一系列的固化材料，使得泥浆中的水、黏土和固化材料发生水解和水化反应，通过降低泥浆含水率、提高土体密实度、改变土颗粒黏结方式等方式，将高含水率、低强度的疏浚土改良为低含水率、高强度的工程用土。采用固化处理技术进行施工方便快速，可以根据具体的工程实际需要，改变固化方案配合比设计，同时固化后包裹土颗粒的凝结硬化壳可以有效降低疏浚土中污染物的活性，从而起到一定的"减污"作用。

轻量化处理技术是对固化处理技术的进一步探究，即将疏浚淤泥、轻质材料和固化材料混合搅拌，通过固化疏浚淤泥、掺混轻质材料以研制一种新型的土工材料——疏浚淤泥轻质混合土。此类新型土体具有较好的自立性，只能产生较小的侧向土压力，并能够减少部分地基中的附加应力。轻量化处理技术在我国已经有了充分的室内实验论证，但工程应用实例较少。

由此可见，疏浚土资源化利用技术具有广泛的应用前景和重要的研究意义，必然会成为一项有关合理处置疏浚土的新型研究。资源化处置疏浚土的关键便在于快速降低土体含水率、提高改良土强度，以便更好地将疏浚土应用在实际工程中，充分发挥疏浚弃土的经济价值。

4.1.2 降低疏浚土含水率的方法

增强疏浚土力学强度、提高疏浚土工程利用率的关键是降低土体含水率。因此，在充分利用疏浚土前需要对其进行排水处理。目前，降低疏浚土含水率的方法主要有真空预压法、电渗析法、热解法、固化稳定法等。

真空预压法是指由于疏浚泥浆在重力作用下固结过程缓慢，因此往往等泥浆在围堰内沉降一段时间后，再利用抽真空装置和排水体进行真空预压、横竖向排水，以加速脱水固结过程。

电渗析法通过产生热效应、真空效应、电渗效应以及动力挤密效应，能够高效排出疏浚土中的水分和污染物，加快疏浚土脱水固结速度。利用电渗析法脱水后的疏浚土通常能够达到一定的强度，可作为一般的填土材料使用。

热解法是对疏浚土进行持续加热，分为烧结和熔融两种过程。烧结是将疏浚土加热到一定温度使其脱水，令土体中的有机质分解，粒子之间产生黏结作用；熔融则是通过加热至更高的温度使疏浚土脱水固结，不仅土体中的有机成分会得到分解，无机矿物也会熔化。

固化稳定法是在对疏浚土做简单排水处置的基础上，将疏浚土与固化材料进行拌和，通过孔隙水与固化材料发生水合反应使孔隙内的自由水变为结合水，同时加强了土粒子之间的结合力，从而提高疏浚泥的强度。

上述方法均加快了疏浚土的固结速度。前两种方法固结后的土体承重性能有限，且多用于沿海工程；热解法能耗大，难以大范围地用于处置疏浚土；固化处置后的疏浚土含水率明显下降，力学性能显著提高，可用于场地平整、道路工程、边坡工程、码头墙后回填工程等。因此，固化处置疏浚土被认作最有可能规模化利用疏浚土的方法。

4.1.3 疏浚土固化利用技术

近年来，疏浚土固化利用技术快速发展，通过加入固化材料，将含水率高、缺乏强度的疏浚土改良为含水率低、具有一定强度的工程用土，以便用于场地平整、道路工程、边坡工程、码头墙后回填工程等，具有广泛的应用前景和重要的研究意义，能充分发挥疏浚弃土的技术经济价值。

水泥固化的疏浚土在抗压强度、早期不排水抗剪强度以及渗透性能方面均比固化前有明显改善。水泥的掺混量是影响疏浚土固化强度的重要指标，掺混水泥量在8%以上时才能将疏浚土固化为公路基层填料，但是片面提高水泥掺混量将大幅提高工程造价，将水泥与其他廉价胶凝材料共混作为疏浚土的固化剂以降低固化成本是疏浚土固化技术发展的重要方向。

粉煤灰也可用于疏浚土的固结。采用粉煤灰有利于降低能耗、保护环境，但粉煤灰通常在高碱性环境下才能发挥其火山灰性质。随着粉煤灰在高性能混凝土中应用的推广，近年来粉煤灰的价格大幅上涨，导致粉煤灰固化疏浚土的成本明显提高。同时，当前关于粉煤灰激发剂的研究主要集中于氢氧化钠、氧化镁、硅酸钠、硫酸钠等，探寻成本更为低廉的激发剂、优化粉煤灰与激发剂配比是利用粉煤灰固化疏浚土的关键。

工业废弃物钢渣也具有火山灰性质，可作为固化剂用于疏浚土固化处理，且固化后的土体能够用作公路基层填料。目前对于钢渣加固疏浚土的研究往往着眼于钢渣掺量、激发剂掺量以及钢渣固化机理等方面，同时钢渣水化速率低、固化土早期强度较低，也在一定程度上制约了钢渣固化疏浚土的推广应用。因此，提高固化土早期强度、缩短固化周期是利用钢渣固化疏浚土的关键。

综上所述，水泥、粉煤灰、钢渣等可有效固化疏浚土并使其达到足够强度以便进一步资源化利用。一方面，近年来环保要求日益严格，水泥价格大幅上涨，同时随着需求量的增加，粉煤灰的价格也明显升高，利用水泥、粉煤灰等胶结材料固化疏浚土的成本逐年升高，制约了大范围的推广实施。另一方面，我国钢渣年产量大，价格相对低廉，开发以钢渣为主的疏浚土固结技术具有明显的成本优势，且其固化的疏浚土后期强度较高。

4.2 试验材料与方法

4.2.1 试验材料

4.2.1.1 疏浚土

京杭运河浙江段三级航道整治工程推荐线位方案起自与江苏的交界处——嘉兴鸭子坝，沿目前通航的京杭运河向南，全程长81.9 km。二通道线位起自余杭区塘栖，长39.7 km。二通道航段线位所经地段基本为农田、民居及部分企业,为陆地开挖航道,原有道路被挖断,需要建造满足原道路标准及通航净空要求的跨航桥梁。根据施工图设计阶段工程地质勘察报告,新开挖航道所在位置的岩土主要是软土,测区软土主要包括淤泥质黏土和粉质淤泥质黏土,分布广泛。软土具有含水量高、强度低、压缩性高、渗透系数小、流变性大等特点,易产生过量沉降及不均匀沉降。软土受到振动后,土结构被破坏,强度降低,易发生深层滑移。因此,需要在工程前期对软土进行固化处理。

疏浚土土样取自京杭运河杭州段二通道工程,在室外自然风干 2 d 后,再经烘箱 80℃烘烤 2 h,最后用粉碎机粉碎并过 0.63 mm 标准土工筛。试验土如图 4.2-1 所示。

图 4.2-1 干燥粉碎土样

将烘干后的疏浚土进行 X 射线荧光光谱分析(XRF)以确定疏浚土的化学组成成分:取粉末状疏浚土 0.5 g,加入 2 g 硼酸,充分研磨混匀,用模具固定之后利用压片机进行压片,最后放入试样台。采用美国赛默飞世尔科技公司 ARL Advant'X Intellipower TW 3600 型 X 射线荧光光谱仪按 0.5 cm 间隔元素连续扫描,扫描初始设置定为长度 5 mm、宽度 10 mm,扫描时长 30 s。结果如表 4.2-1 所示。

表 4.2-1　疏浚土主要氧化物成分组成

氧化物	SiO_2	Al_2O_3	Fe_2O_3	K_2O	MgO	Na_2O	TiO_2	CaO
含量(%)	68.39	18.11	5.23	2.78	1.89	1.36	0.92	0.90

4.2.1.2　钢渣

项目使用的钢渣质地坚硬,粒径多超过 2 mm。为保证试验结果准确,将钢渣自然晾干 2 d 后,再经烘箱 80℃烘烤 2 h,最后由粉碎机粉碎并过 0.63 mm 标准土工筛。试验用钢渣如图 4.2-2 所示。对钢渣进行 XRF 测试,化学组成如表 4.2-2 所示。

(a) 原状钢渣 　　　　　　　(b) 粉碎钢渣

图 4.2-2　试验用钢渣

表 4.2-2　钢渣化学成分组成表

氧化物	CaO	Fe_2O_3	SiO_2	MnO	MgO	P_2O_5	Al_2O_3	TiO_2
含量(%)	46.01	25.04	14.87	3.58	3.36	2.42	2.10	1.14

通过分析上述数据可以发现：CaO、Fe_2O_3、SiO_2、MnO、MgO、P_2O_5、Al_2O_3 和 TiO_2 是钢渣的主要成分,总质量分数达到 98.52%。其中,CaO、Fe_2O_3 和 SiO_2 的含量均超过 10%,分别占 46.01%、25.04% 和 14.87%。这表明,钢渣中基本不含有机质且存在较多的游离 CaO,这也符合硅钙型固体废弃物的主要特点。

一般认为钢渣的矿物组成主要与钢渣碱度有关。可将钢渣的碱度定义为 CaO 含量与 SiO_2、P_2O_5 含量之和的比,即 $\omega_{CaO}/(\omega_{SiO_2}+\omega_{P_2O_5})$。钢渣矿物组成与碱度的关系如表 4.2-3 所示。

表 4.2-3　钢渣的矿物组成与碱度概括表

钢渣碱度	钢渣主要矿物组成
0.9~1.4	橄榄石、镁蔷薇辉石、RO 相
1.4~1.6	镁蔷薇辉石、C_2S、RO 相
1.6~2.4	C_2S、RO 相
>2.4	C_2S、C_3S、C_4AF、C_2F、RO 相

其中，C_2S 为硅酸二钙，C_3S 为硅酸三钙，C_4AF 为铁铝酸四钙，C_2F 为铁酸二钙，RO 相中的 R 通常指 Mn^{2+}、Mg^{2+} 和 Fe^{2+}，由于三种离子的离子半径比较接近，极易形成连续固熔体。本试验使用的钢渣其碱度经计算为 2.66，因此钢渣中主要的矿物有硅酸二钙、硅酸三钙、铁铝酸四钙、铁酸二钙以及 RO 相。

4.2.1.3　水泥

本试验使用的水泥为海螺牌 P.O 42.5 级普通硅酸盐水泥，物理力学性质指标情况见表 4.2-4，主要氧化物成分组成见表 4.2-5。

表 4.2-4　P.O 42.5 级水泥物理力学性质表

烧失量(%)	氧化镁含量(%)	氯离子含量(%)	三氧化硫含量(%)	初凝时间(min)	终凝时间(min)	比表面积(m^2/kg)
3.49	1.34	0.0008	2.46	213	280	358.4

表 4.2-5　P.O 42.5 级水泥主要氧化物成分表

氧化物成分	CaO	SiO_2	Al_2O_3	Fe_2O_3	SO_3	MgO
含量(%)	62.25	20.58	5.64	3.95	3.18	2.48

4.2.1.4　石灰

本试验使用的石灰为在市场上购买的普通生石灰，其主要氧化物成分组成见表 4.2-6。

表 4.2-6　石灰主要氧化物成分表

氧化物成份	CO_2	$Ca(OH)_2$	CaO	MgO	SiO_2	SO_3	Al_2O_3
含量(%)	2.9	1.5	88.2	5.1	1.1	0.8	0.4

4.2.2 试验内容

4.2.2.1 疏浚土特性分析试验

在改良疏浚弃土前,需要对疏浚土的物理力学特性进行分析,即需要统计疏浚土的粒径分布,并测试疏浚土的pH、液限、塑限,计算塑性指数等,为后续固化剂、激发剂的选取及掺量做参考。参考《土工试验方法标准》(GB/T 50123—2019)进行以下试验,见表4.2-7。

表4.2-7 疏浚土特性分析试验

试验名称	试验材料	试验仪器	备注
土颗粒分析试验	疏浚土	标准土工筛	绘制土体级配曲线
界限含水率试验	疏浚土	液塑限联合测定仪	土体改良前均需进行
酸碱度试验	疏浚土	pH计	土水比1:5,静置30 min
土压力试验	疏浚土	土压力计	采用自研的更换土压力计的埋设装置及土压力计的更换方法

4.2.2.2 固废物稳定疏浚土性能试验

本次着重研究不同类型固体废弃物胶凝性能的差异,即硅钙型固废物(钢渣)和硅铝型固废物(煤矸石)对疏浚土的固化效果,借此提出疏浚土高效固化技术方案。故需要进行如表4.2-8所示的试验。

表4.2-8 固废物稳定疏浚土性能试验

试验名称	试验材料	试验仪器	备注
无侧限抗压强度试验	疏浚土,固废物,水泥	万能试验机	固废物指钢渣和煤矸石

4.2.2.3 固废物稳定疏浚土微观分析试验

固化后的疏浚土能表现出良好的物理力学性能。造成其宏观性质改变的主要原因是土体微观结构的调整。尤其针对固废物经激发产生的凝胶体对土颗粒的包裹形态、土颗粒孔隙以及火山灰反应前后物相的影响,需要开展相应的微观试验进行测试分析。具体试验见表4.2-9。

表 4.2-9　固废物稳定疏浚土微观分析试验

试验名称	试验材料	试验仪器	备注
X射线衍射试验	试样内部土体	Ultima四代衍射仪	低温烘干，密封保存
扫描电镜试验		SU8010型电镜扫描仪	

4.2.3　试验方法

4.2.3.1　颗粒分析试验

疏浚土和钢渣经干燥碾碎过 0.63 mm 筛。由于低于 0.075 mm 的颗粒只有极少部分，因此选择适用土粒径范围为 0.075~0.63 mm 的筛析法进行颗粒分析试验。标准土工筛如图 4.2-3 所示。

图 4.2-3　标准筛

考虑到准备干土的可行性以及试验过程的准确性，更需要关注的是实际用土的级配，作者认为由各级配下的细粒土结合形成的较大土颗粒不需要进一步进行划分，即当原始土经烘干、碾碎、逐级过筛后，将各标准筛上的土体取净、称重，统计各级土颗粒质量占总质量的比例，据此绘制疏浚土级配曲线。

进行钢渣颗粒分析试验时，采取适用于砂砾土的筛析法测试：将干燥后的钢渣碾碎并逐级过筛，震动 5 min。将各标准筛上的钢渣取净、称重，统计各级钢渣粉质量占总质量的比例，据此绘制钢渣级配曲线。

疏浚土和钢渣级配曲线见图 4.2-4。

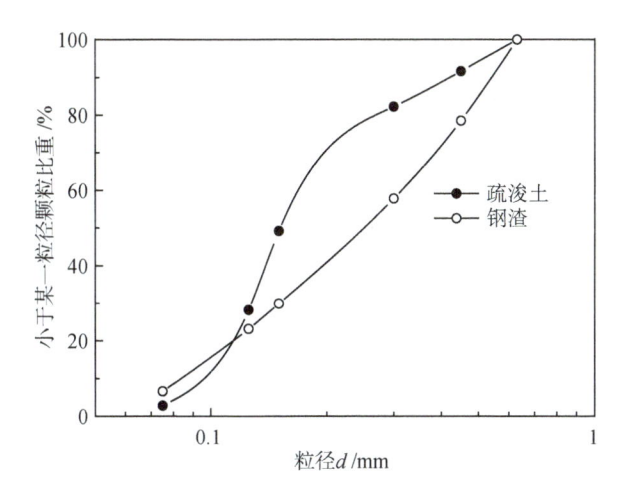

图 4.2-4　疏浚土和钢渣级配曲线图

4.2.3.2　界限含水率试验

采用液塑限联合测定法，选取干燥土样，加入三组不同量的蒸馏水，调匀后置入盛土杯，利用 LP-100D 数显式土壤液塑限联合测定仪（图 4.2-5）进行测试，保证三组含水率下的圆锥入土深度分别为 3~4 mm、7~9 mm、15~17 mm。液限是圆锥下沉深度为 17 mm 时所对应的含水率。

图 4.2-5　土壤液塑限联合测定仪

4.2.3.3 酸碱度试验

采用电测法开展酸碱度试验。称取碾碎后的干燥疏浚土 10 g 置于烧杯中,加入 50 ml 蒸馏水。在振动台上震动 3 min,静置 30 min 后即制成土悬液。采用 PHS-3C-02 型台式实验室 pH 计,先后用由混合磷酸盐配制的 pH=6.86 的缓冲液和由邻苯二甲酸氢钾配置的 pH=4.00 的缓冲液标定,同时进行温度补偿。标定完成后将用蒸馏水清洗后的复合电极插入土悬液中进行测试,读数稳定后记录,如图 4.2-6 和图 4.2-7 所示。

图 4.2-6　实验室 pH 计　　　　图 4.2-7　土悬液测定

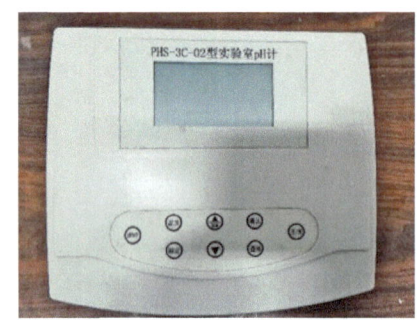

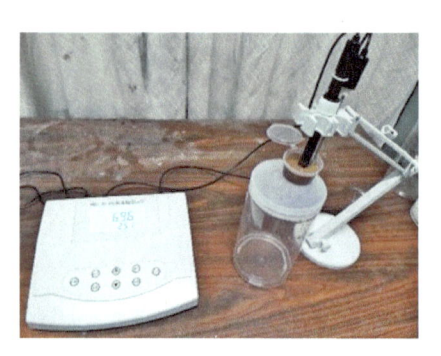

按照上述步骤,根据《土工试验方法标准》(GB/T 50123—2019)的相关要求进行两次平行试验,结果分别为 6.75 和 6.74,误差为 0.01,小于标准要求 0.1,因此可初步得出疏浚土的 pH=6.75,具有弱酸性。

4.2.3.4 无侧限抗压强度试验(UCS)

将疏浚土、固废物和水泥按照一定比例在图 4.2-8 所示的 JJ-5 水泥胶砂搅拌机内充分混合搅拌,置于聚乙烯 PVC 管中浇筑成直径 5 cm、高度 10 cm 的圆柱形试样。将试样在室内密封养护 7 d、14 d、28 d、60 d 后,利用万能试验机进行无侧限抗压强度试验(图 4.2-9)。以 1 mm/min 的压缩速度进行加压,当试样发生脆性破坏即有明显破裂面时,以峰值轴向应力作为无侧限抗压强度;若试样发生塑性破坏无应力峰值,则取轴向应变 15% 处的应力作为无侧限抗压强度。

图 4.2-8　水泥胶砂搅拌机　　　　图 4.2-9　加压试样

4.2.3.5　X 射线衍射试验(XRD)

X 射线衍射试验是一种通过对固化后的疏浚土进行 X 射线衍射，分析衍射图谱，以此来获得土体组成成分以及内部原子结构或形态的试验方法。在进行试验前，取无侧限抗压强度试验后的试样内部土体，放入乙醇中浸泡 24 h 后将其低温(40℃)干燥以终止水化反应。经研磨过 200 目筛子，保证测试样品手摸无颗粒感，呈面粉质感。试验设备采用日本 Rigaku 公司生产的 Ultima 四代衍射仪，如图 4.2-10 所示。

图 4.2-10　Ultima 四代衍射仪

设备的具体试验参数见表 4.2-10。

表 4.2-10　XRD试验条件具体参数表

X光管	加速电压	加速电流	扫描步长	扫描速率	扫描范围
Cu 靶 Ka 射线	40 kV	40 mA	0.02°	2°/min	10°~90°

4.2.3.6　扫描电镜试验(SEM)

扫描电镜是利用细聚焦电子束在试样土体表面扫描，将由土体激发出的各种物理信号进一步调制成像，具有制样简单、放大范围广以及分辨率高等优势，因而在微观分析中被广泛使用。在进行试验前，取无侧限抗压强度试验后的试样内部土体，放入乙醇中浸泡 24 h 后将其低温(40℃)干燥以终止水化反应。经研磨过 200 目筛子，保证试样无颗粒感。采用 Hitachi SU8010 型电镜扫描仪(图 4.2-11)，拍摄电压取 5 kV，放大倍数为 1 万倍。将样品粘在样品架上，使用镀膜仪喷金(金钯合金)使其导电，然后进行样品颗粒和孔隙的形貌观察，选择具有代表性的区域拍摄图像。

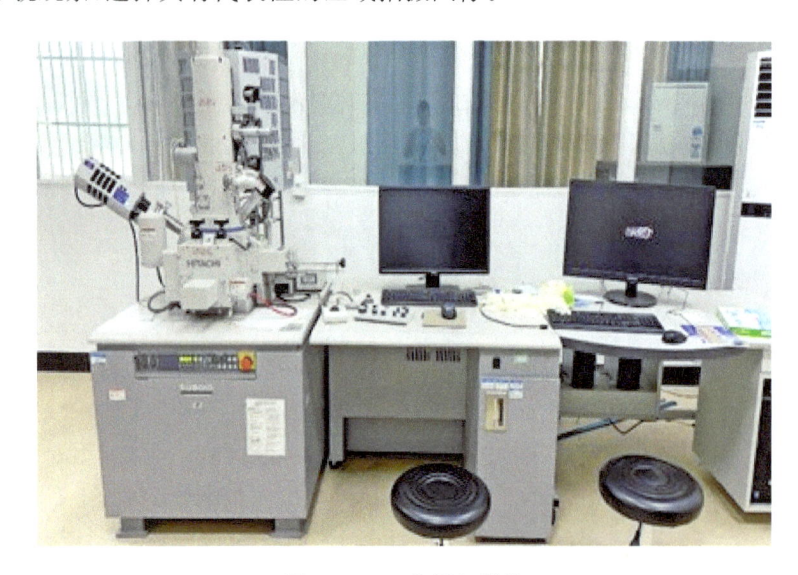

图 4.2-11　电镜扫描仪

4.3　水泥-钢渣高效固化疏浚土技术

钢渣作为硅钙型固体废弃物的典型代表，通常在激发剂的活化下才能充分发挥胶凝作用。然而钢渣需要更长的固化周期，同时难以保证钢渣固化疏浚土的前期强度,因此水泥-钢渣复合固化疏浚土成为一种较优的选择。

4.3.1 试验方案和步骤

进行水泥-钢渣配合比设计,研究含水率、固化周期对疏浚土强度的影响,具体试验配合比见表4.3-1。将疏浚干土、水泥和钢渣按照表4.3-1中的配合比取材,置入搅拌锅中,采用自动档位搅拌2 min后,铲掉搅拌机叶片上黏结的掺料,继续搅拌,待材料充分混合均匀后,将水分两次加入搅拌锅中,每次加水后均搅拌2 min。将混合均匀的土体装入直径50 mm、高100 mm的PVC管内,用塑料薄膜包裹密封后,置入密封塑料箱以室温养护。

分别在PVC管内试样固化7 d、14 d和28 d时进行无侧限抗压强度测试。为简化叙述方式,以"10%-1:9"表示水泥-钢渣质量占干土总质量的10%,且水泥-钢渣质量比为1:9;以"灰渣比"表示水泥和钢渣质量之比。

表4.3-1 水泥-钢渣复合固化疏浚土配合比设计

含水率	水泥-钢渣质量占干土质量比例(%)	水泥-钢渣比
1.5倍液限 (63%)	10	1:9、2:8、3:7
	20	1:9、2:8、3:7
	30	1:9、2:8、3:7
1.25倍液限 (52.5%)	10	1:9、2:8、3:7
	20	1:9、2:8、3:7
	30	1:9、2:8、3:7
1倍液限 (42%)	10	1:9、2:8、3:7
	20	1:9、2:8、3:7
	30	1:9、2:8、3:7

4.3.2 含水率影响因素分析

使用万能试验机对规定龄期的试样进行无侧限抗压强度测试,在试样压缩过程中记录轴向力和物体压缩量之间一一对应的关系,换算后据此绘制物体受压时的应力-应变曲线,计算无侧限抗压强度,确定弹性模量,进行微观分析,本阶段的研究主要讨论含水率对水泥-钢渣固化疏浚土效果的影响。

(1) 应力-应变曲线分析

当初始含水率分别定为1.5倍液限、1.25倍液限和1倍液限时,试样养护28 d后经万能试验机测试的应力-应变曲线如图4.3-1所示。

(a) 10%-3∶7

(b) 20%-3∶7

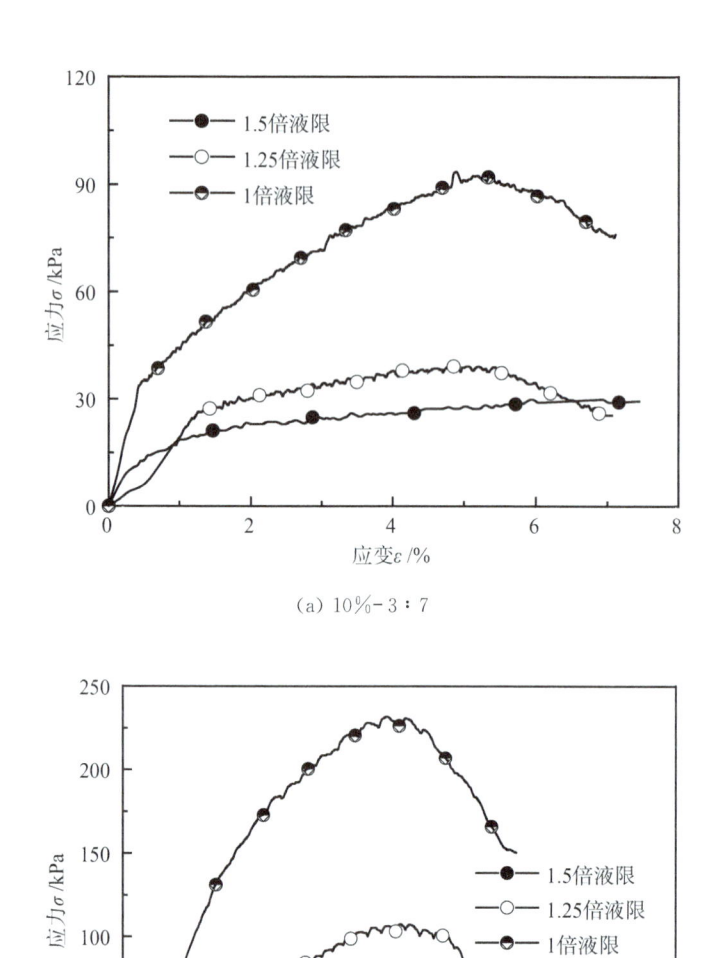

图 4.3-1　不同含水率条件下的应力-应变曲线图

水泥-钢渣复合(10%-3∶7)固化疏浚土 28 d 后,通过分析应力-应变曲线发现 1.5 倍液限固化土的应力-应变曲线上无明显的应力峰,而 1.25 倍液限和 1 倍液限的固化试样曲线上有明显的应力峰,表明 1.5 倍液限疏浚土固化后形成的能够有效提升土体强度的水化产物数量有限,难以改变固化土的可塑状态。曲线中峰值点对应的应变为土体受压破坏时的极限应变。可以看出，水泥-钢渣固化 28 d 后，1.25 倍液限和 1 倍液限试样的极限应变大致相当，在 5% 左右，这可能与两种土体均添加了含量为 10% 的水泥-钢渣复合材料有关。此外，图中 1.25 倍液限固化土的应力-应变曲线更接近 1.5 倍液限固化土的应力-应变曲线，且远低于 1 倍液限固化土的应力-应变曲线，这是因为初始时前两种含水率的土壤均处于流动状态，而后者土体在添加复合材料后处于可塑状态，因而受到破坏时所需的应力更大。

当水泥-钢渣总添加量由 10% 增加到 20% 时，经分析发现：1.5 倍液限固化土同样出现明显的应力峰，这是由于较高含量的固化剂能水化生成足量的产物，可以有效提高土骨架的承载力，土体破坏形式由塑性破坏（无应力峰）转化为弹性破坏（明显应力峰）。在 20%-3∶7 配合比下，三种含水率条件下的破坏应变大致相当，这与水泥-钢渣添加量为 10%-3∶7 时得出的结论一致。

(2) 无侧限抗压强度分析

本书中的试验将三个平行试样强度的平均值作为该组试样最终的无侧限抗压强度值，并根据各强度值和平均值计算标准偏差。添加误差棒后的无侧限抗压强度值如图 4.3-2 所示。由图分析经 20%-3∶7 水泥-钢渣固化后，不同龄期的三种含水率条件下的固化土无侧限抗压强度：1 倍液限固化土无侧限抗压强度最高，其次是 1.25 倍液限固化土，1.5 倍液限固化土无侧限抗压强度最低；并且当含水率由 1.5 倍液限降为 1.25 倍液限时，无侧限抗压

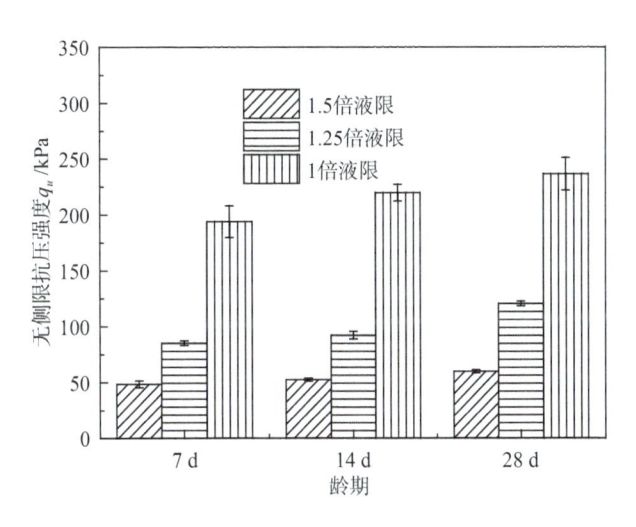

图 4.3-2 不同龄期的三种含水率条件下的固化土无侧限抗压强度图

强度增加量远小于含水率从1.25倍液限降至1倍液限时的增加量。因此可初步认为，在相同的固化龄期内，随着初始含水率的降低，固化土无侧限抗压强度会逐步增加，且1.25倍液限土强度与1.5倍液限土强度更接近，这是因为含水率降低时，相同时间内固化反应产生的胶凝相水化产物增加，宏观表现为固化土无侧限抗压强度的提高，这与通过应力-应变曲线得到的结果一致。

(3) 弹性模量分析

固化土的刚度特性也是用于衡量水泥-钢渣复合材料固化疏浚土效果的重要参数，通常以割线弹性模量 E_{50} 来体现，即应力-应变曲线上 $q_u/2$ 处对应的切线模量。三种含水率在不同配合比情况下固化28 d后的弹性模量如图4.3-3所示。

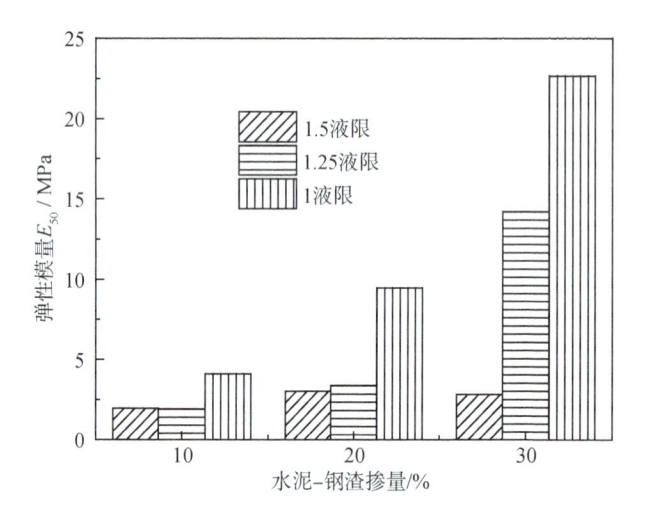

图 4.3-3 不同含水率 28 d 弹性模量变化

由图4.3-3可知：1倍液限固化土弹性模量值远大于1.5倍液限固化土弹性模量值，尤其当水泥-钢渣配合比设定为30%-3:7时，前者模量值约为后者模量值的10倍，约22.5 MPa，超过硬黏土的标准(7~18 MPa)。此外，1.5倍液限固化土的弹性模量随水泥-钢渣量的增加在整体上并没有明显变化，可能是因为初始含水率过高导致固化土在整个养护周期内始终经历的都是塑性破坏，弹性模量并不能明显增长；1.25倍液限土在掺入较少固化剂时的弹性模量与1.5倍液限土的结果接近，而掺入30%水泥-钢渣后的弹性模量迅速增长，这是由于高含量的固化剂能结合更多的自由水，产生的胶凝物能够有效承担荷载，从而使得土体破坏形式由塑性破坏转变为脆性破坏，导致弹性模量增大。1倍液限土由于含水率较低,添加较少的固化剂即可发生脆性破坏,所以弹性模量较大。因此可以认为,在相同配合比条件下,随着含水率的降低,弹性模量总体上保持逐步增长的趋势。

(4) 试样分析

为了更直观地说明含水率对水泥-钢渣复合固化疏浚土效果的影响,拍摄试验过程中试样测试前、后照片,选用掺合料最少的试验组10%-1∶9和掺合料最多的试验组30%-3∶7,观察两组试样28 d压碎前、后形貌情况,见图4.3-4和图4.3-5。

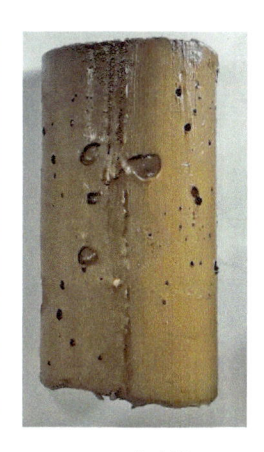

(a) 1.5倍液限　　　　(b) 1.25倍液限　　　　(c) 1倍液限

图4.3-4　不同含水率10%-1∶9-28 d脱模成型图

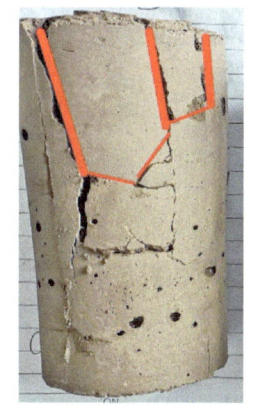

(a) 1.5倍液限　　　　(b) 1.25倍液限　　　　(c) 1倍液限

图4.3-5　不同含水率30%-3∶7-28 d压碎破坏图

分析图 4.3-4 试样脱模成型图：在向三种含水率的疏浚土中拌合极少量（10%-1∶9）的水泥-钢渣并经 28 d 固化后，1.5 倍液限土脱模后表面有较多的水分，触摸有明显软土感觉，试样仍然处于淤泥状态，不能保持直立，无法塑形成功；1.25 倍液限土脱模后表面有部分水分，触摸有实感，试样塑形成功，自由保持直立状态；1 倍液限土脱模后表面有少量水分，呈湿润状态，触摸有实感，同时试样也成功塑形，能够保持直立。

分析图 4.3-5 试样压碎破坏图：在向三种含水率的疏浚土中掺混高含量（30%-3∶7）的水泥-钢渣并经 28 d 固化后，1.5 倍液限土脱模后表面有极少量的水分，呈湿润状态，能够塑形成功，且受压破坏后裂缝按 V 形发展；1.25 倍液限土脱模后表面无明显水分，但仍呈湿润状态，试样塑形受压破坏后也伴有 V 形裂缝；1 倍液限土脱模后表面无明显水分，呈干燥状态，并且受压破坏产生的裂缝呈 U 形，多分布在荷载施加位置。

由此可见，含水率是影响水泥-钢渣复合固化疏浚土效果的重要因素。在相同配合比和固化龄期的条件下，当初始含水率由 1.5 倍液限降为 1.25 倍液限直至 1 倍液限时，固化土的应力-应变曲线逐渐抬升，表明破坏应变减小，破坏形式有从塑性破坏转变为脆性破坏的趋势；无侧限抗压强度显著提高，并且 1 倍液限固化土的强度更容易满足 100 kPa 的设计值；弹性模量 E_{50} 明显增大，同时含水率越低，模量值随掺合料的变化幅度越大。此外，1.25 倍液限固化土和 1 倍液限固化土在应力-应变曲线、强度演变、弹性模量变化、形貌塑造以及裂缝发展等方面更类似。

(5) 工程参考标准

部分学者对固化土的无侧限抗压强度标准进行了研究。有学者认为，只有将软土变成 100~500 kPa 的刚性土，才能更高效地利用疏浚土。还有学者调研了日本中部国际机场人工岛的建设情况，通过室内试验建立加州承载比 CBR（某一贯入量下土基单位压力相对标准压力的百分数）和无侧限抗压强度的对应关系，发现日本交通部规范要求的固化土 CBR 值对应的无侧限抗压强度为 80.1 kPa。中国部分学者研究了国内首个采用固化废弃疏浚土的工程——大连湾跨海交通人工岛工程，确定土样的无侧限抗压强度值应不小于设计值 100 kPa。因此，本阶段研究中将无侧限抗压强度的设计值定为 100 kPa。

当龄期分别为 7 d 和 28 d 时，部分试样的无侧限抗压强度如图 4.3-6 所示。

由图 4.3-6 可知：当固化龄期为 7 d 时，1.5 倍液限土和 1.25 倍液限土均只有掺混9%水泥、21%钢渣才能达到100 kPa的刚性土下限要求,而1倍液限土掺混6%水泥、14%钢渣即可达到强度设计要求;当固化时间为28 d时,1.5倍液限土仍只有掺混9%水泥、21%钢渣才能满足强度要求,而1.25倍液限土和1倍液限土掺混6%水泥、14%钢渣后强度均超过100 kPa。

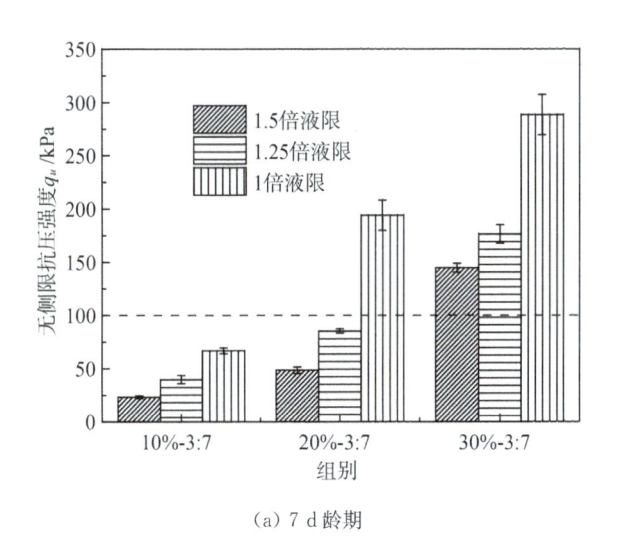

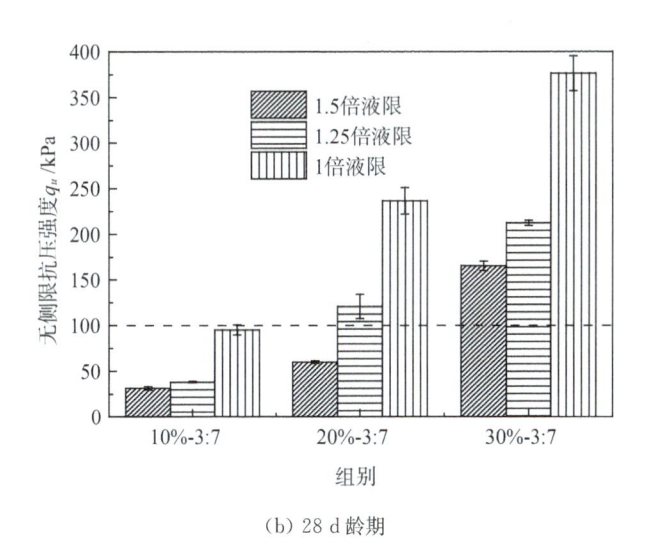

(a) 7 d龄期

(b) 28 d龄期

图4.3-6　不同含水率条件下各组试样无侧限抗压强度

因此,可初步认为水泥-钢渣作为复合材料的固化效果随初始含水率的降低而增强。通常情况下认为,1.5倍液限土中含有更高的自由水含量,降低了疏浚土内部环境中各离子的浓度,使得固化反应减弱,同时增大土体流动性,反应产生的各类水化产物使得土体的黏结性能降低,已搭建的土骨架结构难以有效地承受外部荷载,从而降低了土体固化强度。

4.3.3 龄期影响因素分析

(1) 应力-应变曲线分析

水泥-钢渣配比定为20%-3∶7,考虑固化周期的影响,1倍液限土固化7 d、14 d、28 d的应力-应变曲线如图5.3-7所示。

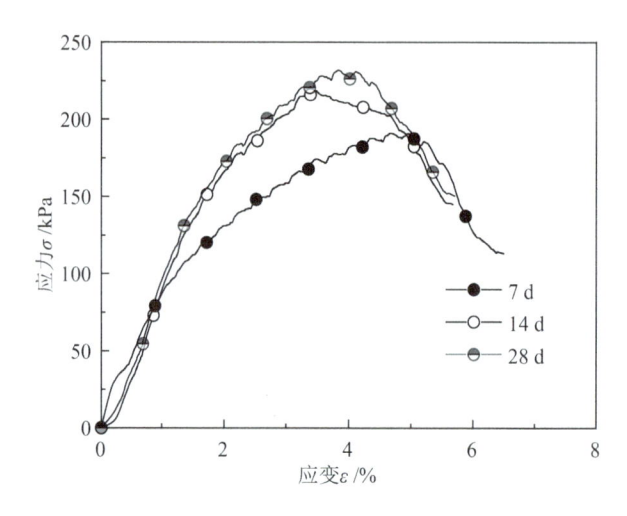

图4.3-7 不同龄期的应力-应变图

分析图4.3-7可知:随着固化龄期的增加,1倍液限土样的应力-应变曲线渐渐上升,即强度呈现出逐渐增大的趋势;试样经7 d固化后的破坏应变约为5%,而经14 d和28 d固化后的试样,其破坏应变均小于4%。这是由于随着时间的延长,水泥-钢渣进一步反应,产生更多的水化产物,这些胶凝物可以明显增强土骨架承载能力。同时,三条曲线到达峰值点后有明显的下降段,试样破坏形式均为脆性破坏。

为比较龄期和含水率分别对水泥-钢渣复合固化疏浚土效果的影响,将1.5倍液限土160 d数据、1.25倍液限28 d数据以及1倍液限土7 d数据进行对比(图4.3-8),可以得到:当水泥-钢渣配合比为20%-3∶7时,1.5倍液限土160 d与1.25倍液限土28 d的应力-应变曲线较为接近,固化土强度相当,约100 kPa,但前者的破坏应变明显大于后者。而当含水率为1倍液限时,试样仅固化7 d的强度便超过100 kPa,达到230 kPa。因此可以初步认为，盲目增加试样养护时间的效果并没有适当降低含水率的效果好，也就是说，龄期对水泥-钢渣固化土强度的影响要小于含水率对固化土强度的影响。

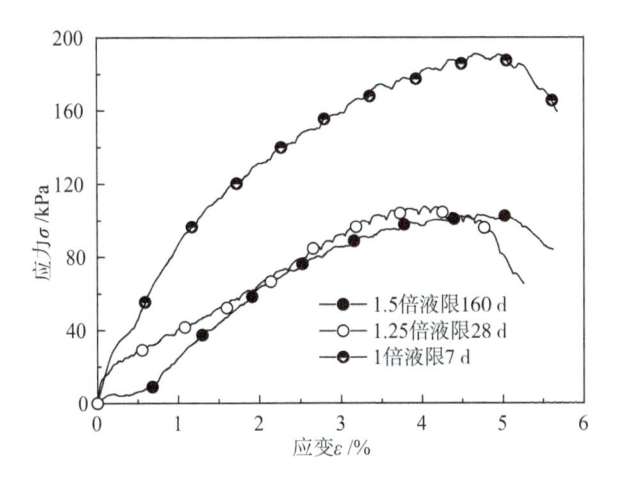

图 4.3-8　龄期与含水率对比的应力-应变图

（2）无侧限抗压强度分析

以 1.5 倍液限和 1 倍液限为例，探究不同水泥-钢渣配合比条件下，固化土无侧限抗压强度随养护时间的变化情况，如图 4.3-9 所示。

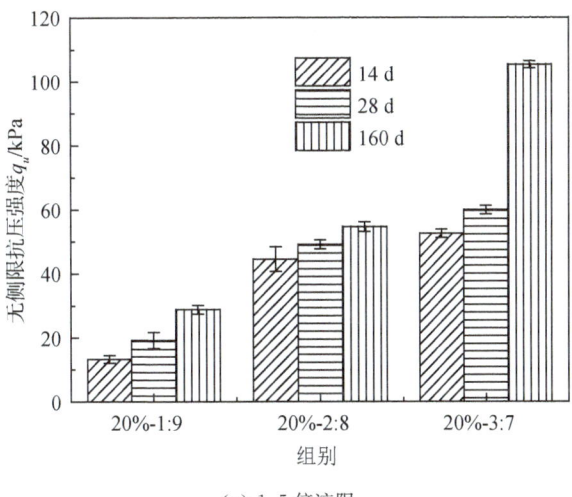

(a) 1.5 倍液限

(b) 1.5 倍液限

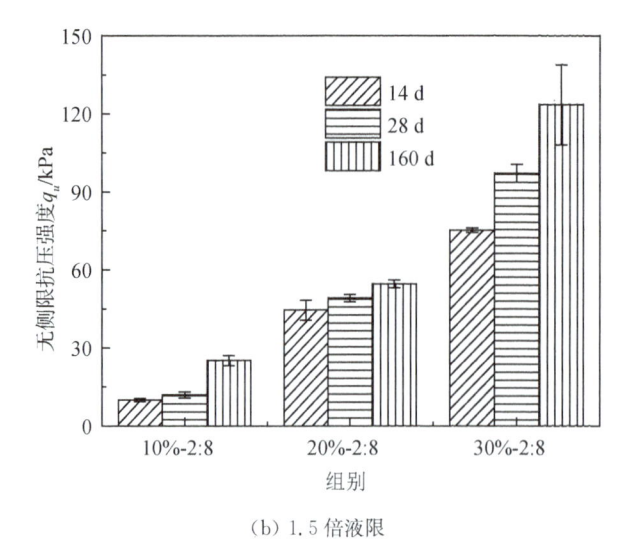

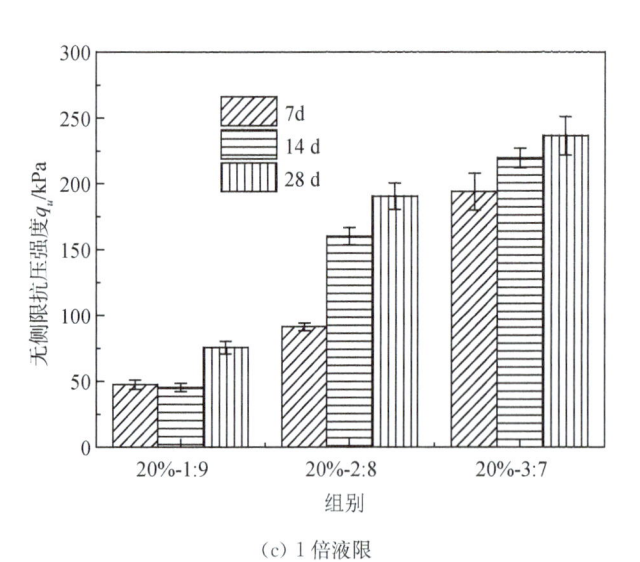

(c) 1 倍液限

(d) 1倍液限

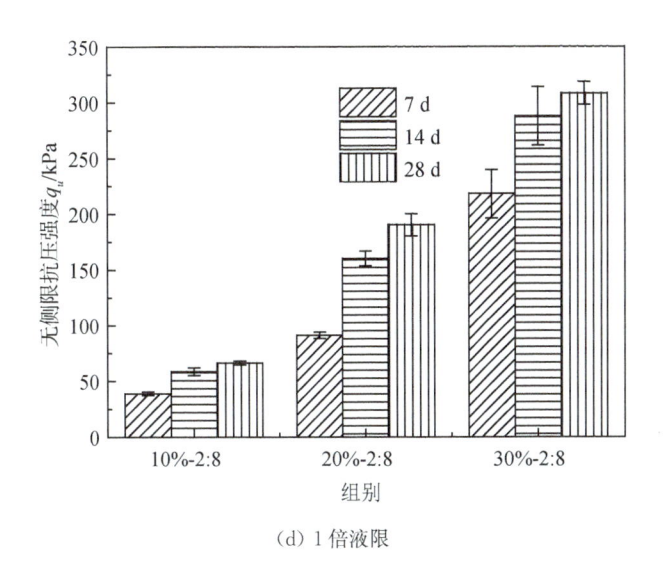

图 4.3-9　不同配合比条件下无侧限抗压强度随龄期变化图

根据图 4.3-9 分析固化土无侧限抗压强度（q_u）随龄期变化情况：对于 1.5 倍液限土,当龄期从 14 d 增加到 28 d 直至 160 d 时,固化土强度逐步增大。此外,160 d 的强度与 28 d 的强度相比,掺合料配合比低于 20%-2∶8 时,增幅较小,单纯提高养护龄期并不能使固化土强度超过 100 kPa;而当配合比超过 20%-3∶7 时,增幅显著提高,此时的抗压强度能够超过 100 kPa,满足设计值要求。这是因为龄期为 28 d 时,前者的掺合料基本参加反应,之后仅有少量掺合料继续反应,而后者由于初始时含有更高含量的掺合料,28 d 后仍有多余的水泥-钢渣继续反应,因此强度提升明显。

对于 1 倍液限土,当龄期从 7 d 增加到 14 d 直至 28 d 时,固化土强度一直保持稳定增长的趋势。在掺量低于 2%水泥、18%钢渣时,28 d 的强度仍然小于 100 kPa,增加龄期并不能使固化土达到设计强度,这和 1.5 倍液限土的情况类似;但不同的是,若混合料掺量超过 4%水泥、16%钢渣,当养护时间从 7 d 延长到 14 d 时,即可将固化土强度由 91.3 kPa 提高至 160.2 kPa,超过设计值 100 kPa。

总体而言,对于含水率超过 1.25 倍液限的疏浚土,掺混 9%水泥＋21%钢渣的混合固化料,固化 7 d 即可满足 100 kPa 的土体强度要求。对于含水率为 1 倍液限的疏浚土,只需掺混 6%水泥＋14%钢渣,固化 7 d 的强度即可满足 100 kPa 的土体强度要求。对于工期要求相对宽松的工程,1.5 倍液限的疏浚土在掺混 9%水泥＋21%钢渣后，28 d 可满足 100 kPa 的土体强度要求。

(3) SEM 微观分析

为分析水泥-钢渣复合固化疏浚土过程中产生的水化产物的类型，取受压破坏后试样内部土体，进行扫描电镜试验。表 4.3-2 列举出了与本研究相关的矿物微观形貌特征，同时对比前人研究经验，为本研究的分析提供理论基础和方法借鉴。

表 4.3-2　水化产物形貌特征

水化产物	微观形貌特征
水化硅酸钙(C-S-H)	网状，平板状，蜂窝状
钙矾石(Ettingite)	针状，长杆状，短柱状

以 30%-2∶8 组为例，观察其固化 14 d 以及 28 d 的电镜图像，拍摄电压为 5 kV 或 10 kV，放大倍数为 1 万倍，如图 4.3-10 所示。分析不同龄期下，水化产物的种类和数量，以确定水化过程的进行程度。

(a) 固化 14 d　　　　　　　　(b) 固化 28 d

图 4.3-10　不同龄期下固化土扫描电镜图

从图 4.3-10 中可以看出：在 30%-2∶8 组养护 14 d 后，1 万倍电镜视野内含有大量裸露的黏土，土颗粒表面粗糙、凹凸不平，且颗粒之间有明显间隙，局部存在少量网状物；养护 28 d 后，相同倍数视野内黏土块面积显然减小，网状物分布范围扩大，网厚度有所增加，并覆盖、包裹大面积黏土粒，局部有少量针状物生成，颗粒间隙逐步被填充。由表 4.3-2 可得，视野内的网状生成物为水化硅酸钙，针状物为钙矾石。这两种水化产物随固化时间的延长而逐渐填充孔隙,黏结土颗粒,从而提高了固化土强度。

综上所述,固化龄期是影响水泥-钢渣复合固化疏浚土效果的另一重要因素。在相同的配合比和含水率条件下,龄期由 7 d 增加到 14 d,28 d 直至 160 d,应力-应变曲线逐渐上升;1.5 倍液限条件下,掺合料配合比低于 20%-2∶8 时,试样的无侧限抗压强度有所提高,增幅不大,单纯提高养护龄期并不能使试样强度超过 100 kPa,但掺混 6% 水泥、14% 钢渣及以上含量的试样仍可通过增加养护周期使其强度满足要求;1 倍液限条件下,若混合料掺量超过 4% 水泥、16% 钢渣,养护 14 d 后强度即可达到 160.2 kPa。此外,根据扫描电镜的结果,水化产物的数量随龄期的延长明显增多,宏观表现为固化土强度的提升。

因此,可初步认为水泥-钢渣作为复合材料的固化效果随固化龄期的增加而增强。但从综合含水率来看,龄期对水泥-钢渣固化土强度的影响要小于含水率对固化土强度的影响,因此如果急需缩短工期,可通过降低疏浚土的含水量以保证土体达到足够的强度。

4.3.4 固化剂掺量影响因素分析

(1) 应力-应变曲线分析

以固化 7 d 的 1 倍液限土为例,对比分析灰渣比相同但总占比不同、总占比相同但灰渣比不同、水泥含量相同但钢渣含量不同三种情况下试样的应力-应变曲线(图 4.3-11):

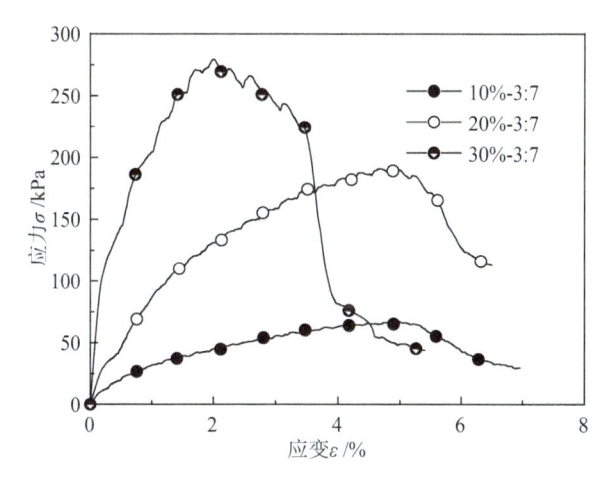

(a) 灰渣比相同但总占比不同

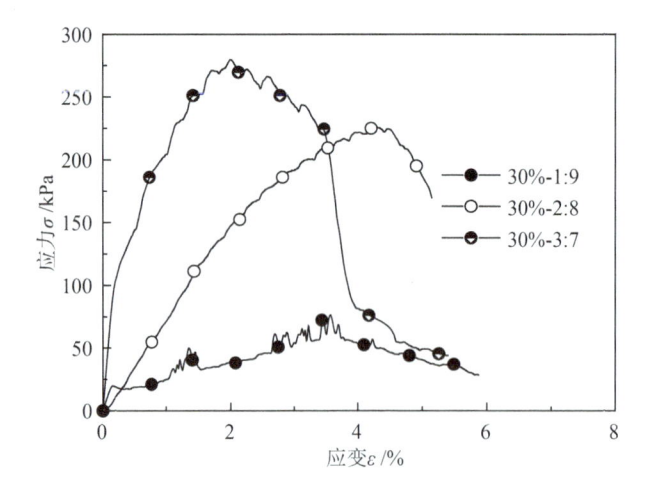

（b）总占比相同但灰渣比不同

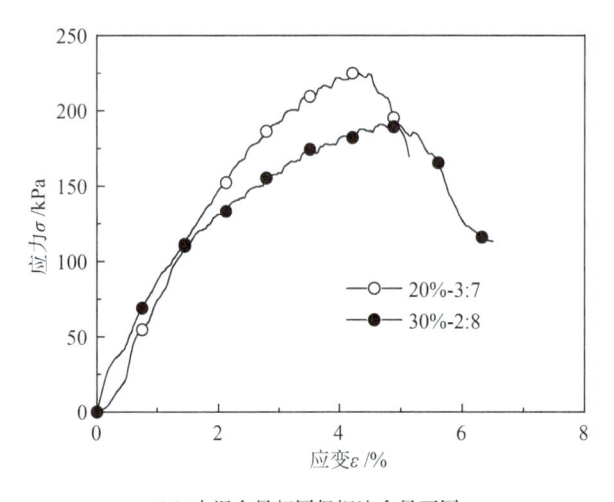

（c）水泥含量相同但钢渣含量不同

图 4.3-11　1 倍液限试样固化 7 d 应力-应变图

由图 4.3-11(a)知,当灰渣比相同(定为 3∶7),复合材料总占比由 10% 增加至 20% 甚至 30% 时,由于水泥和钢渣的含量均成倍增加,固化土应力-应变曲线峰值明显增大,即固化土强度不断增加,并且破坏应变也相应减小。

当复合材料总占比固定设置为 30%,水泥钢渣比分别为 1∶9、2∶8 和 3∶7 时(图 4.3-11(b)),此时水泥含量增加,钢渣含量减少,根据试样应力-应变曲线仍然得出峰值增大、破坏应变减小的结论。这是因为固化土强度的提高取决于水泥-钢渣发生反应后产物的种类和数量,而增加固化剂含量势必会引起水化产物的增多,也就提高了土体强度;同时,水泥发生水化反应后的产物多于钢渣发生火山灰反应后的产物,因而水泥的增加不仅能够弥补钢渣减少带来的土体强度损失,还会进一步提高固化土的力学性能。

图 4.3-11(c)反映了水泥掺量为 6%,钢渣掺量由 14% 增加到 24% 的应力-应变曲线变化情况:曲线峰值增大,破坏应变有所减小。这进一步说明钢渣能够进行火山灰反应,产生胶凝物,提升试样强度,改善土体性能。

(2) 无侧限抗压强度分析

以 1.5 倍液限土为例,图 4.3-12(a)、(b)分别反映了在不同水泥、钢渣掺量和相同水泥、不同钢渣掺量情况下,固化土无侧限抗压强度的变化规律。

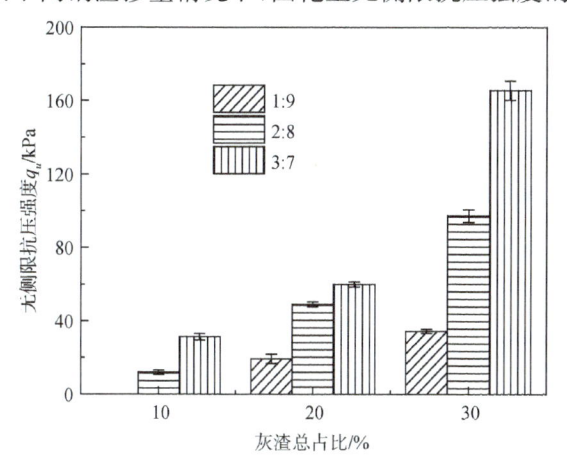

(a) 不同水泥、钢渣掺量

(b) 相同水泥、不同钢渣掺量

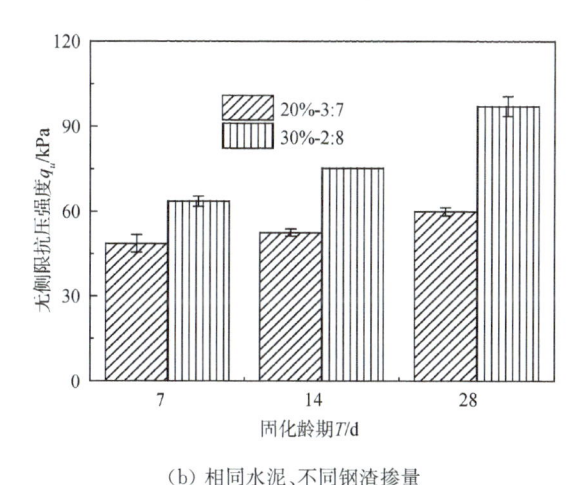

图 4.3-12 不同掺量条件下试样无侧限抗压强度图

由图 4.3-12(a)得到：当灰渣总占比一定，灰渣比按 1∶9、2∶8、3∶7 逐步变化时，即水泥掺量增加、钢渣掺量减少，固化土 28 d 后无侧限抗压强度显著增加，并且总占比越高(30%)，强度增加幅度越大；当灰渣比一定，灰渣总占比从 10% 增加到 20% 直至 30% 时，也有类似的结论，即灰渣总占比增加，试样强度也随之增加，并且灰渣比越大(3∶7)，强度增加幅度越大。此外，在 1.5 倍液限条件下，只有当水泥-钢渣掺量超过 30%-2∶8，试样强度才能满足设计值 100 kPa 的要求。由图 4.3-12(b)可以发现：当水泥含量相同时，固化土强度与钢渣掺量呈现出正相关的关系，且长龄期下的钢渣掺量对土体强度的影响更为明显。

（3）试样分析

选取部分固化土图片，以更直观地说明固化剂掺量对疏浚土脱模成型、压碎破坏的影响，如图 4.3-13、图 4.3-14 所示。

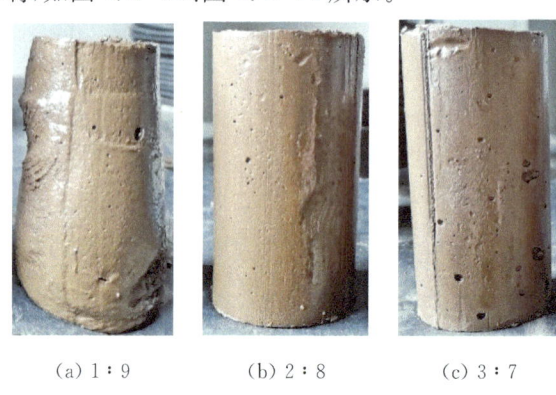

(a) 1∶9　　　　　(b) 2∶8　　　　　(c) 3∶7

图 4.3-13　1.5 倍液限土 10% 掺量 14 d 脱模成型图

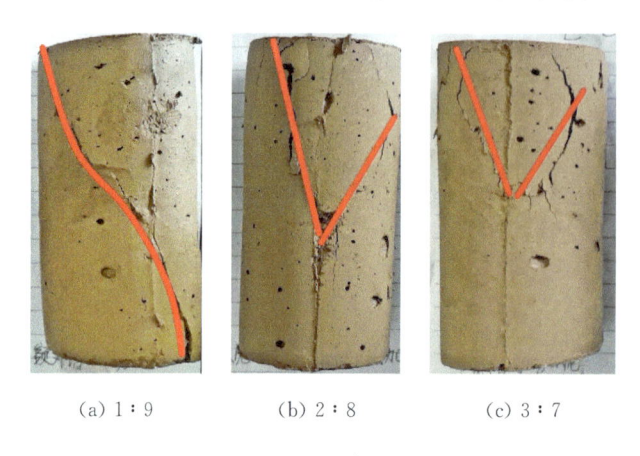

(a) 1∶9　　　　　(b) 2∶8　　　　　(c) 3∶7

图 4.3-14　1 倍液限土 20% 掺量 14 d 压碎破坏图

分析图 4.3-13(试样脱模成型图):在向高含水率(1.5 倍液限)的疏浚土中拌合少量(10%)的水泥-钢渣并经 14 d 固化后,灰渣比 1∶9 试样脱模后表面有较多的水分,触摸有明显软土感觉,试样直立后自由塌落,仍然处于淤泥状态,无法成功塑形;灰渣比 2∶8 试样脱模后表面有部分水分,能够成功塑形,自由保持直立状态,但触摸时轻微挤压会凹陷;灰渣比 3∶7 试样脱模后表面有少量水分,呈湿润状态,触摸有实感,也能够成功塑形、保持直立,触摸时轻微挤压不会变形。

分析图 4.3-14(试样压碎破坏图):在向低含水率(1 倍液限)的疏浚土中掺混较高含量(20%)的水泥-钢渣并经 14 d 固化后,灰渣比 1∶9 试样脱模后表面无明显水分,呈湿润状态,能成功塑形,且受压破坏后裂缝按照贯穿裂缝的形式发展;灰渣比 2∶8 试样脱模后表面呈半干燥状态,试样塑形受压破坏后形成 V 形裂缝;灰渣比 3∶7 试样脱模后表面呈干燥状态,经受破坏产生的裂缝也伴有 V 形裂缝。

(4) SEM 微观分析

分析图 4.3-15:对比图(a)、(b)和(c)可以发现,随着灰渣总占比含量由 10%提高到 20%直至 30%,单独裸露的黏土颗粒数量减少;水化硅酸钙含量逐渐增多,不仅体现为分布范围扩大,而且网层结构更厚、更密集,并覆盖、包裹黏土粒;灰渣总占比为 10%时,钙矾石在视野内并未被观察到,而当总占比为 30%时,有少量钙矾石生成。对比图(c)和(d)可以发现,当灰渣总占比一定,水泥增加而钢渣减少时,可得出类似的结论,即水化产物(水化产物和钙矾石)数量增多,裸露土颗粒减少,成块的黏土簇明显增加。

综上所述,固化剂(水泥和钢渣)掺量也是影响水泥-钢渣复合固化疏浚土效果的重要因素。在灰渣比不变但总占比增加、总占比不变但灰渣比增加以及水泥不变但钢渣增加这三种情况下,固化土的应力-应变曲线逐渐抬升,破坏应变略微减小,破坏形式逐步转变为脆性破坏;无侧限抗压强度有所提高,可通过改变水泥-钢渣配合比快速达到满足强度设计要求的目的。另外,扫描电镜图表明水化产物的数量随水泥-钢渣含量的增加明显增多,宏观表现为固化土强度的提升。

固化土强度的提升主要是缘于水化产物的产生,这些水化产物不仅能够填充土颗粒之间的孔隙,使颗粒之间更密实,还能够作为胶凝物起到连接黏土簇的作用,提高土骨架的稳定性和承载能力。因此,无论是保持水泥-钢渣总占比不变还是保持灰渣比不变,从根本上来说,反应物质量的增加,就会导致水泥水化反应和钢渣火山灰反应的产物越多,宏观表现为固化土的强度增

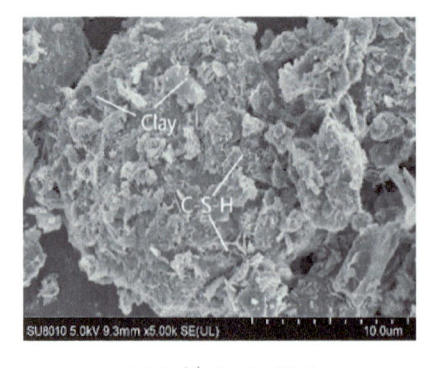

(a) 10%-3∶7-28 d

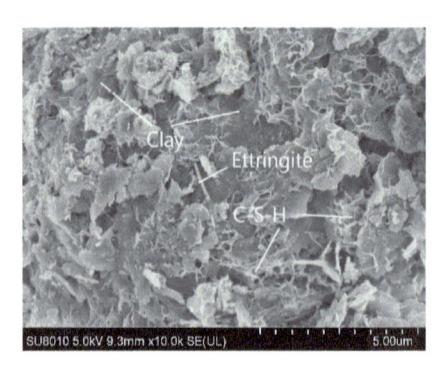

(b) 20%-3∶7-28 d

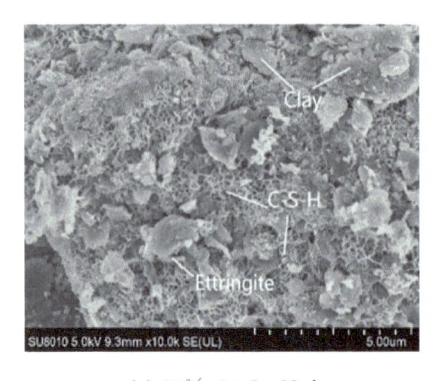

(c) 30%-3∶7-28 d

(d) 30%-2∶8-28 d

图 4.3-15　不同灰渣掺量下固化土扫描电镜图

加。同时在一般情况下认为,土样强度的改变主要是水泥和钢渣共同作用的结果,首先发生的是水泥的水化反应,而钢渣的火山灰效应需要在水泥水化后的高碱性环境中发生,因而在水泥含量较低的配合比条件下,钢渣更多的作用是作为细骨料搭建土颗粒骨架,仅有少部分钢渣参与到反应中,尤其是在高含水率(1.5 倍液限)的条件下,离子浓度更低,反应速率更慢,固化效果更不明显。

4.4　掺入生石灰的经济型固化技术

4.4.1　固化分析

由于生石灰(主要成分为 CaO)价格明显低于水泥价格,故需力争形成生石灰+水泥+钢渣的复合固化技术。本次研究使用海螺牌 42.5 级普通硅酸盐水泥,其主要成分有 CaO、SiO_2 和 Al_2O_3,质量分数分别为 62.25%、20.58% 和 5.64%。为分析生石灰在水泥-钢渣复合固化疏浚土过程中的作用,以 1.5 倍液限 20%-2∶8 组为基准组,进行两组试验:一是以生石灰分别代替其中 10%、20%、30% 质量的水泥,二是向特定组中额外加入 10%、20%、30% 水泥质量的生石灰,探究两组试样的应力-应变曲线。

(1) 应力-应变曲线分析

由图 4.4-1 可以看出:当生石灰替代水泥的量从 10% 增加到 20% 进而到 30% 时,160 d 龄期的固化土应力-应变曲线逐步下降,强度依次降低,土体受压后表现出明显的塑性破坏特征;当向特定组(20%-2∶8)额外添加 10%、20%、30% 水泥质量的生石灰时,相应的应力-应变曲线逐渐上升,强度依次增加,破坏应变由 8% 降至 4.5%,土体受压后的特征表现由塑性破坏逐步向弹性破坏转化。同时还需要注意的是,替换 10% 组和基准组之间的应力-应变曲线比较接近,两者强度差异不大,略低于额外 10% 组的强度。总体而言,在掺混剂中额外增加生石灰的含量越高,试验组强度越高;用少量生石灰替代水泥的生石灰+水泥+钢渣组试样,其强度与水泥+钢渣试样强度相当,但随着生石灰替代水泥的含量逐渐增加,试验组强度逐步降低。由此可见,对于含水率为 63%(1.5 倍液限)的疏浚土,添加 4% 水泥+16% 钢渣+1.2% 生石灰,固化 160 d 后,固化土强度仍超过 100 kPa,达到固化土性能要求。

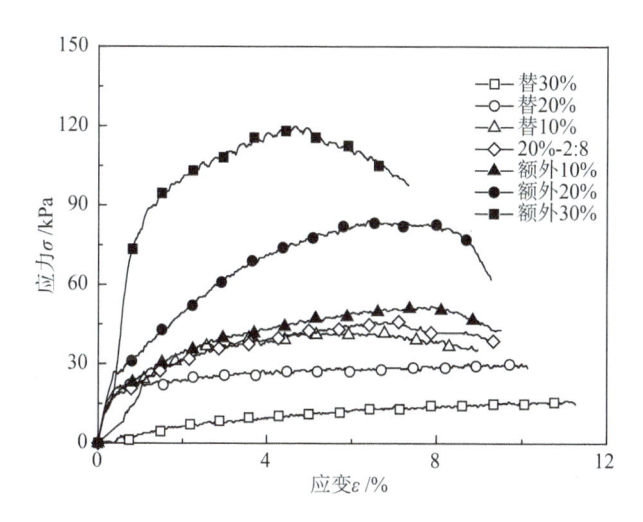

图 4.4-1 生石灰含量组 160 d 应力-应变图

(2) XRD 分析

XRD 测试完全按照上述的设备、方法执行,试验结束后利用 Jade 6 软件根据国际衍射数据中心发行的电子版粉末衍射卡分析数据,使用所有子文件和化学元素过滤器两种方式综合寻峰,以明确该峰所对应的矿物相或水化产物。由于钢渣中含有 Fe_2O_3、MnO、MgO 等 RO 相,这些物质在冶炼过程中很容易形成连续固熔体,难以被激发参与化学反应,因此在确定峰相组成时,一般不考虑铁、锰、镁等相关矿物。

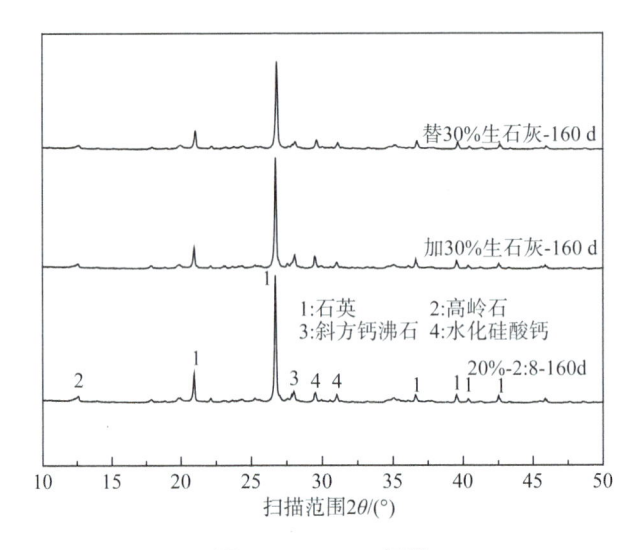

图 4.4-2　XRD 图谱

根据 XRD 寻峰结果:水泥-钢渣复合固化疏浚土体系中主要分布有四种矿物,分别是石英、高岭石、斜方钙沸石以及水化硅酸钙(C-S-H),钙矾石在 XRD 图中存在但峰值较小,因此本节暂不考虑。

在 20%-2∶8-160 d 基准组中,由于固化体系中的疏浚土含量最高,所以石英衍射峰强度最高。同时产生了表征 C-S-H 和斜方钙沸石的峰,这是因为在固化体系中,水泥首先发生快速水化反应,产生 $Ca(OH)_2$,形成了高碱性环境,因而钢渣可以被有效地激发,即活性 SiO_2、Al_2O_3 与 $Ca(OH)_2$ 反应生成 C-S-H 和斜方钙沸石。图中不存在钢渣的标准矿物成分(C_2S、C_3S)也证实了钢渣已充分参与反应。

在基准组中加入额外 30% 水泥质量的生石灰后,石英衍射峰强度有所降低,水化硅酸钙衍射峰强度显著升高,说明额外加入的生石灰经水化后与石英发生反应,消耗部分石英,生成了水化硅酸钙。黏土矿物高岭石在持续提供的碱性环境中不稳定,内部化学键断裂,与水结合生成斜方钙沸石,因此 XRD 图中高岭石衍射强度降低,特征峰峰形不再尖锐清晰且逐渐消失,而斜方钙沸石衍射强度得到升高。

在基准组中以生石灰替换 30% 的水泥后导致石英强度大幅降低,有两个方面的原因:一是水泥本身含有的活性 SiO_2 被 CaO 取代,这也是替换组 SiO_2 含量低于添加组的主要原因;二是水泥和替换的生石灰水化后形成的 $Ca(OH)_2$ 的消耗。水泥被生石灰替换后,水泥本身水化反应产生的水化硅酸钙减少,但由于钢渣在 CaO 熟化后也可以产生 $Ca(OH)_2$,故火山灰反应程度并没有降低,所以总的来说,水化硅酸钙数量有所减少,XRD 图中水化硅酸钙衍射峰强度的降低也证实了这一点;同时,水泥被生石灰替换后降低了参与反应的 Al_2O_3 的含量,因而生成的斜方钙沸石数量也会相应地减少,衍射峰强度有所减小。

(3) SEM 微观分析

为进一步说明生石灰的含量对水泥-钢渣复合固化疏浚土效果的影响,对用生石灰分别替换 30% 和 10% 水泥组、基准组以及额外增加 10% 和 30% 生石灰组等五组固化 160 d 的试样进行扫描电镜分析。选择具有代表性的、视野填充度较高的区域进行电镜扫描,拍摄的图片见图 4.4-3。

图(a)是 20%-2∶8 基准组试样的 SEM 图像:土颗粒块较大且分布不均匀,视野内凹凸不平,颗粒间孔隙较大,扁平状黏土颗粒上分布少量的棒状钙矾石,网状结构水化硅酸钙多数包裹住黏土颗粒,少部分填充孔隙,起到黏结黏土块的作用。

图(b)反映了在基准组中以生石灰替换 30% 水泥组试样的形貌:电镜视野内裸露的黏土颗粒较多,试样表面整体上较为平整,孔隙数量相对于基准组大幅减少,土体较密实;只有少量的水化硅酸钙生成,且多包裹黏土颗粒,颗粒间的网状结构几乎不存在,这也是该组试样强度最低的主要原因。

图(c)是以生石灰替换基准组中 10% 水泥后固化土试样的电镜图:试样表面极为平整,孔隙数量最少,土体整体上连接为一体;反应产物数量相对于基准组有所减少,相对于 30% 替代组有所增加,水化硅酸钙多数包裹黏土颗粒,也有少量的棒状钙矾石生成,零星分布在视野内。

图(d)描述了向基准组中额外增加 10% 生石灰后的试样固化情况:相对于基准组,孔隙数量明显减少,水化硅酸钙数量略微增加但并不明显,且多数为网状结构,填充颗粒间孔隙,起黏结作用,棒状的钙矾石数量也有所降低。

图(e)是向基准组中加入额外 30% 生石灰后试样的电镜图像:电镜视野

内只有极少数裸露的黏土,小块的土颗粒消失,黏结为大颗粒团,此时网状结构的水化硅酸钙变密、变厚,棒状结构的钙矾石变多、变粗,且两种水化产物互相作用形成完整的空间结构覆盖包裹住黏土团。

(a) 20%-2∶8-160 d 基准组

(b) 30%生石灰替代组-160 d

(c) 10%生石灰替代组-160 d

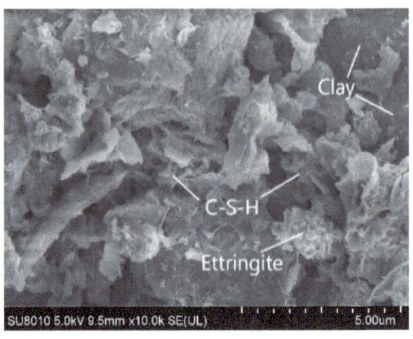

(d) 10%生石灰添加组-160 d

(e) 30%生石灰添加组-160 d

图 4.4-3 生石灰掺量对比图

综上所述，相较于基准组，额外增加生石灰的比例越高，试验组强度越大；但随着生石灰替代水泥的含量逐渐增加，试验组强度反而降低。这是因为生石灰的加入不仅补充了反应中 Ca 的含量，更重要的是代替水泥水化，以继续提供钢渣和水泥内部活性 SiO_2 和 Al_2O_3 反应所需的高碱性环境，因此添加组的强度大都高于基准组；替代组因为减少了水泥中能参与火山灰反应的活性 SiO_2 的量，水化产物减少，所以替代组的强度大都低于基准组强度，而 10% 替代组试样土颗粒更密实的状态在一定程度上弥补了水化产物略微减少带来的强度损失，因此与基准组强度相差不大。

4.4.2 化学反应分析

根据上述微观分析试验结果，得到如下化学反应方程：
水泥水化产生 C-S-H 和氢氧化钙：

$$2(3CaO \cdot SiO_2) + 6H_2O \longrightarrow 3CaO \cdot 2SiO_2 \cdot 3H_2O + 3Ca(OH)_2$$

$$2(2CaO \cdot SiO_2) + 4H_2O \longrightarrow 3CaO \cdot 2SiO_2 \cdot 3H_2O + Ca(OH)_2$$

火山灰反应产生 C-S-H 和斜方钙沸石：

$$3Ca(OH)_2 + 2SiO_2 \longrightarrow 3CaO \cdot 2SiO_2 \cdot 3H_2O$$

$$6CaO + 3SiO_2 + H_2O \longrightarrow 6CaO \cdot 3SiO_2 \cdot H_2O$$

$$Ca(OH)_2 + Al_2O_3 + 2SiO_2 + 3H_2O \longrightarrow CaO \cdot Al_2O_3 \cdot 2SiO_2 \cdot 4H_2O$$

固化疏浚土早期力学性能的提升主要是因为水泥水化产生了 C-S-H 和氢氧化钙，而氢氧化钙提供的高碱性环境会进一步激发钢渣的活性，使其发生火山灰反应产生 C-S-H 和斜方钙沸石，水化产物能够填充土颗粒间的孔隙，使土体更密实，还能够作为胶凝物起到黏结土颗粒的作用，提高固化疏浚土的后期强度。

4.5 疏浚土固化方案比选

根据前文的实验结果比较分析，提出疏浚弃土高效快速固化与经济性固化的优化处理方法。

(1) 高效快速固化技术

结合多个疏浚工程，在将疏浚土固化处理时，均采用 100 kPa 为固化土的强度指标要求，因此本研究也采用 100 kPa 作为固化高含水率疏浚土的强度标准。对于1.25倍液限(或含水率为52.5%)的高含水率疏浚土,掺混9%水泥+21%钢渣的混合固化料,固化7 d即可满足100 kPa的土体强度要求。对于1倍液限的疏浚土,只需掺混6%水泥+14%钢渣,固化7 d即可满足100 kPa的土体强度要求。

(2) 经济型固化技术

对于工期要求相对宽松的工程,可考虑固化周期相对较长但固化材料成本较为低廉的固化技术,可采用少量生石灰替代水泥,形成生石灰+水泥+钢渣的复合固化材料。对于含水率为63%(1.5倍液限)的疏浚土,添加4%水泥+16%钢渣+1.2%生石灰,固化160 d后,固化土强度仍超过100 kPa,达到固化土性能要求。

此外,研究过程中还针对"含水率高于63%"进行了探讨。试验结果表明,当疏浚土含水率高于63%时,可在上述配方基础上添加少量外加剂(磷酸钠)增强固化效果。由于本次项目研究的疏浚土含水率低于63%,故相关研究不作进一步叙述。

(3) 高效快速固化技术与经济型固化技术的原材料成本分析

针对高效快速固化技术和经济型固化技术,本研究进行了固化剂原料的经济性分析,以含水率为42%和52.5%的泥浆为例,采用高效快速固化技术时分别对每方泥浆使用固化剂76.1 kg水泥+177.5 kg钢渣和100.3 kg水泥+234.1 kg钢渣。针对含水率为63%的泥浆,经济型固化技术所使用的固化剂每方消耗39.3 kg水泥+157.1 kg钢渣+11.8 kg生石灰。按照水泥单价350元/t、钢渣5元/t、石灰260元/t计算,含水率为42%和52.5%的泥浆的高效固化剂原料成本为每方27.52元和36.28元;含水率为63%的泥浆的经济型固化剂原料成本为每方17.61元。

表4.5-1 高效快速固化技术与经济型固化技术的原材料成本对比

技术名称	泥浆含水率(%)	固化剂原料配比	原料用量	每方固化剂成本(元)
高效快速固化技术	42	6%水泥+14%钢渣	76.1 kg水泥+177.5 kg钢渣	27.52
	52.5	9%水泥+21%钢渣	100.3 kg水泥+234.1 kg钢渣	36.28
经济型固化技术	63	4%水泥+16%钢渣+1.2%生石灰	39.3 kg水泥+157.1 kg钢渣+11.8 kg生石灰	17.61

4.6 示范应用

在京杭运河二通道新开挖航道——余杭区南苑工程中,航道开挖产生较多的疏浚弃土。本次对该土体进行研究,提出固化方案,并用于公路路基回填。图 4.6-1 为航道开挖工程现场照片。

图 4.6-1　航道开挖工程现场

4.6.1　固化土路用性能研究

淤泥固化后可以作为公路路基的填料,这不仅解决了淤泥堆场带来的占地问题和污染问题,同时也实现了固废再利用的价值。CBR 值是衡量路用填料强度的一个关键指标,本节将研究含水率、固化材料掺量和养护龄期对淤泥固化后 CBR 值的影响。CBR 试验参照《公路土工试验规程》(JTG 3430—2020)规范,压实度设为 96%,采用重型击实方法,分三层将混合料击实成标准直径 152 mm、高 120 mm 圆柱体试件,测得不同含水率的疏浚土在不同固化材料掺量条件下的 CBR 值,如图 4.6-2 所示。

由图 4.6-2 可知,固化材料掺量、疏浚土含水率对固化土 CBR 值的影响分为以下几点:

①不管疏浚土的初始含水率为多少,低含水率的干挖土方和经钢渣和水泥固化-熟化处理的高含水率泥浆,其 CBR 值都随着拌和生石灰量的增加呈

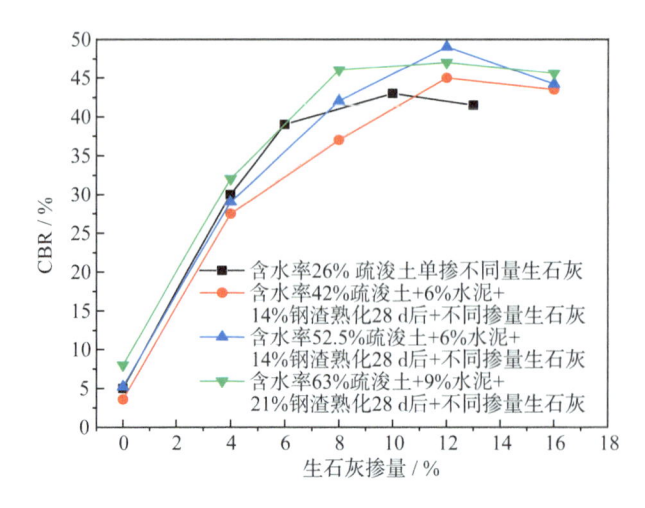

图 4.6-2　不同含水率的疏浚土在不同固化材料掺量条件下的 CBR 值

现先增加后略有下降的变化趋势。

②对于含水率较低(26%)的干挖土方,单掺 10% 左右的生石灰可获得最高 CBR 值,最高值可达 43%,可直接用作公路路堤填料。

③对于含水率为 42%(1 倍液限)和 52.5%(1.25 倍液限)的疏浚土,经 6% 水泥+14% 钢渣熟化 28 d 后,再掺入 12% 的生石灰可获得最高 CBR 值,其最高值分别为 45% 和 49%,可用作公路路堤填料。

④对于含水率为 63%(1.5 倍液限)的疏浚土,经 9% 水泥+21% 钢渣熟化 28 d 后,虽然在掺入 12% 的生石灰时 CBR 值最大,但掺入 8% 的生石灰便可获得高达 45% 的 CBR 值,综合经济性考虑,可掺入 8% 的生石灰拌和用作公路路堤填料。

4.6.2　工程应用

根据前述研究成果,疏浚土制备公路路堤填料作业流程包括疏浚土掺入水泥+钢渣熟化,然后再将熟化土体运进土料堆放仓库(图 4.6-3),待工厂拌和生石灰制备路堤填料,不同含水率疏浚土的熟化材料及生石灰拌和配比如表 4.6-1 所示。

表 4.6-1　不同含水率疏浚土制备路堤填料的熟化材料及生石灰拌和配比

泥浆含水率(%)	熟化材料配比	生石灰掺量(%)	CBR(%)
26	—	10	43

续表

泥浆含水率(%)	熟化材料配比	生石灰掺量(%)	CBR(%)
42	6%水泥+14%钢渣	12	45
52.5	6%水泥+14%钢渣	12	49
63	9%水泥+21%钢渣	8	45

图 4.6-3　土料堆放

对于含水率较低(≤26%)的陆上开挖土体，直接转运至拌和工厂，掺入10%生石灰作为路堤填料。

对于含水率较高(≥42%)的疏浚土体，在疏浚土中掺入相应比例的水泥+钢渣进行熟化处理，通常熟化周期按照 28 d 设计为宜，熟化过程即水泥水化产物激发钢渣活性，水泥与疏浚土中的水分发生水化化学，同时促进钢渣与土体发生火山灰反应。在调节疏浚土含水率的同时，也以水化产物或火山灰反应产物形成网络结构，可以在一定程度上提高土体强度。对于局部含水率极高的疏浚土，可先采用疏浚泥浆快速干化处理系统进行预处理，然后采用上述方法进行熟化处理。

熟化完成后，在拌和工厂拌和生石灰时，出料机和皮带机配合将熟化土料以及生石灰拌和处理。其中，为了保证熟化土料及生石灰得到均匀混合，通过控制皮带机传输速率来控制熟化土料及生石灰的出料速度，进而控制生石灰掺混比例及混合均匀程度。相较于传统混合方式，此方法工作效率更高，各种掺料混合更均匀，且节省了大量人力成本(图 4.6-4～图 4.6-9)。

图 4.6-4　生石灰　　　　　　　　　图 4.6-5　生石灰与土料混合

图 4.6-6　出料机　　　　　　　　　图 4.6-7　生石灰储藏桶

图 4.6-8　皮带机运输　　　　　图 4.6-9　土料拌和控制室

对已经固化处理过的开挖土,需采样,在现场利用击实仪等测试仪器来进行性能试验(图 4.6-10 和图 4.6-11)。

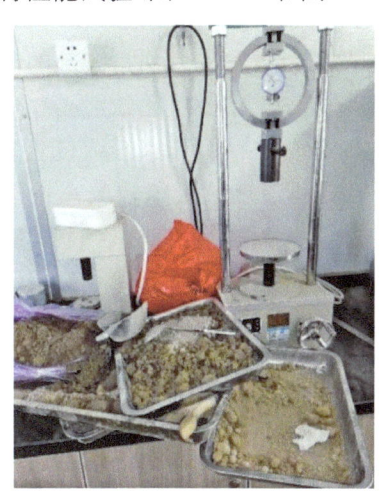

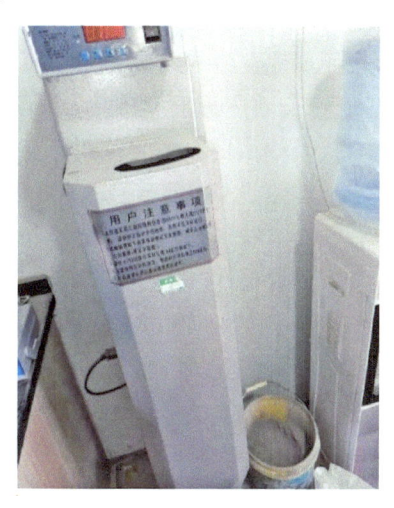

图 4.6-10　固化土采样　　　　　图 4.6-11　击实仪性能测试

通过上述试验方法,能够得到性能较好的固化土用作公路路堤填料,既解决了航道开挖造成的土体堆积影响环境等问题,也满足了公路路基对高性能土体的大量需求。施工单位采用该研究成果处理了疏浚弃土 30 万 m³,其中多数为干开挖土方,含水率低于 26%,直接拌和作为路基填料;少量土方因持续降雨等原因导致含水率在 42% 左右,采用掺入水泥＋钢渣熟化 28 d 后,再进行拌和。通过对大量疏浚土的消纳,在减少弃土外运和堆存的同时,减少了对土地资源占用,降低了弃土对生态环境的影响,具有良好的生态效益和环保效益。

4.7 固化疏浚土经济性分析

4.7.1 原料分析

京杭运河浙江段三级航道整治工程杭州段由京杭运河杭州段(四改三)和二通道段组成,其中二通道段工程由杭申线(塘栖～博陆四改三)和陆上新开挖航道组成。陆上新开挖航道包括博陆至八堡航道、八堡船闸、沪昆铁路改建工程(含铁路桥 1 座)、沪杭高铁海杭特大桥主墩保护工程,下沙路管线迁改工程、博陆至八堡段水利设施、八堡出口河段海塘加固工程等,全长 26.4 km,其中新开航道长 23.4 km。本工程有大量的开挖土方,仅少部分水上土方通过修筑围堰、桥梁接线、绿化覆土、服务区回填等方式进行利用。

京杭运河三级航道整治工程按航道所在地域分为杭州段、嘉兴段和湖州段。按照属地建设的原则,由杭州、嘉兴、湖州三市政府作为项目实施的责任主体,三市交通主管部门作为项目实施的行业管理部门,并且分别成立项目业主。杭州段项目业主为杭州市交通投资集团有限公司,嘉兴段项目业主为嘉兴市港航建设开发有限责任公司,湖州段由湖州市政府组建的京杭运河(湖州段)三级航道整治工程建设指挥部代建。在工程沿线有杭州钢铁集团、浙江滨瑞钢铁公司、浙江宏伟钢业有限公司、江浦不锈钢制造有限公司等众多钢铁生产企业。其中,杭州钢铁集团每年钢铁产量近 400 万 t,工业固废网数据显示,每吨钢铁产生约 0.15 t 钢渣,那么仅杭州钢铁集团每年可产生钢渣 60 万 t。同时,由于钢渣具备膨胀较大等特性,目前钢渣的综合利用率偏低,据统计全国的钢渣利用率仅为 22%,由此可估算出仅杭州钢铁集团的钢渣储量每年就超过 45 万 t,再加上其他钢铁生产企业的钢渣储量,可满足疏浚土固化处理的原料需求。

4.7.2 经济性分析

项目成果在京杭运河浙江段三级航道整治工程杭州段第 HDSG-8 标段进行了示范应用,将通过水泥-钢渣-生石灰复合处置的疏浚土方用作公路路基材料。结合文献资料、水运工程定额及工程周围市场价格,对比了水泥-钢渣-生石灰复合固化疏浚土与传统石灰土的单价,其中表 4.7-1 所示为水泥-钢渣-生石灰复合固化疏浚土的单价分析表,得出采用水泥-钢渣-生石灰复合处理疏浚土做路基填料的成本为 108.33 元/m³,水泥固化土的单价分析如表 4.7-2 所示,其成本为 134.3 元/m³,采用传统的土方直接外运,成本约 122 元/m³。项目中累计处理疏浚土方 30 万 m³ 用作公路路基填料,相对于采用传统的石灰土或水泥土,累计产生约 400 万元的经济效益。

表 4.7-1　水泥-钢渣-生石灰复合固化疏浚土单价分析表

序号	项目名称	单位	数量	基价 单价(元/m³)	基价 合价(元/m³)	市场价 单价(元/m³)	市场价 合价(元/m³)
1	人工费	工日	0.267	62.47	16.68	69.41	18.53
2	水泥	kg	43.6	0.35	15.26	0.35	15.26
3	钢渣	kg	156.8	0.005	0.78	0.005	0.78
4	生石灰	kg	89.4	0.26	23.24	0.26	23.24
5	泥浆搅拌机	台班	0.069	53.88	3.72	53.88	3.72
6	履带式液压单斗挖掘机(斗容量 0.8 m³)	台班	0.002 5	795.18	1.99	795.18	1.99
7	履带式液压单斗挖掘机(斗容量 2.0 m³)	台班	0.001 4	1 153.16	1.61	1 153.16	1.61
8	轮胎式装载机(斗容量 1.5 m³)	台班	0.001 9	438.5	0.83	438.5	0.83
9	履带式推土机(功率 60 kW)	台班	0.002 4	374.19	0.90	374.19	0.90
10	自卸汽车(装载质量 8 t)	台班	0.027 5	452.03	12.43	452.03	12.43
	小计				78.44		80.29
	费用项目			计费基础		费率	费用(元/m³)
一	基价定额直接费						78.44
二	定额直接费						80.29
三	其他直接费	%		(一)×其他直接费费率		8.78	6.89
四	直接工程费			(二)+(三)			87.18
五	企业管理费	%		[(一)+(三)]×企业管理费费率		8.3	7.08
六	规费	%		[(一)]×规费费率		1.6	1.26
七	计划利润	%		[(一)+(三)+(五)]×计划利润率		7	5.47
八	税金	%		[(四)+(五)+(六)+(七)]×税率		9	7.34
九	单位工程概(预)算金额	元/m³		(四)+(五)+(六)+(七)+(八)			108.33
十	预算单价	元/m³		(九)/1			108.33

表 4.7-2 水泥固化疏浚土单价分析表

序号	项目名称	单位	数量	基价 单价(元/m³)	基价 合价(元/m³)	市场价 单价(元/m³)	市场价 合价(元/m³)
1	人工费	工日	0.268	62.47	16.74	69.41	18.60
2	水泥	kg	156.8	0.35	54.88	0.35	54.88
3	泥浆搅拌机	台班	0.068	53.88	3.664	53.88	3.664
4	履带式液压单斗挖掘机(斗容量 0.8 m³)	台班	0.003 2	795.18	2.545	795.18	2.545
5	履带式液压单斗挖掘机(斗容量 2.0 m³)	台班	0.001 5	1 153.16	1.730	1 153.16	1.730
8	轮胎式装载机(斗容量 1.5 m³)	台班	0.002 3	438.5	1.009	438.5	1.009
9	履带式推土机(功率 60 kW)	台班	0.002 7	374.19	1.010	374.19	1.010
10	自卸汽车(装载质量 8 t)	台班	0.029 8	452.03	13.47	452.03	13.47
	小计				95.05		96.91

费用项目			计费基础	费率	费用(元/m³)
一	基价定额直接费				95.05
二	定额直接费				96.91
三	其他直接费	%	(一)×其他直接费费率	8.78	8.345
四	直接工程费		(二)+(三)		105.3
五	企业管理费	%	[(一)+(三)]×企业管理费费率	8.3	8.582
六	规费	%	[(一)]×规费费率	1.6	1.521
七	计划利润	%	[(一)+(三)+(五)]×计划利润率	7	7.838
八	税金	%	[(四)+(五)+(六)+(七)]×税率	9	11.09
九	单位工程概(预)算金额	元/m³	(四)+(五)+(六)+(七)+(八)		134.3
十	预算单价	元/m³	(九)/1		134.3

4.8 小结

(1) 含水率、养护龄期、固化剂掺量等参数均是影响水泥-钢渣复合固化疏浚土效果的重要因素。

(2) 灰渣比不变增加水泥钢渣总占比、水泥钢渣总占比不变增加灰渣比以及水泥含量不变增加钢渣含量这三种情况,均能够增强固化土强度,可通过改变水泥-钢渣配合比快速达到满足强度设计要求的目的。1 倍液限时,掺量低于 2%水泥、8%钢渣的试样,经 28 d 固化强度约 75 kPa;而混合料掺量超过 4%水泥、16%钢渣,经 14 d 固化强度即可达到 160.2 kPa。

(3) 对于含水率超过 1.25 倍液限的疏浚土,掺混 9%水泥+21%钢渣的混合固化料,固化 7 d 即可满足 100 kPa 的土体强度要求。对于 1 倍液限的疏浚土,只需掺混 6%水泥+14%钢渣,固化 7 d 强度即可满足 100 kPa 的土体强度要求,固化快速。对于工期要求相对宽松的工程,1.5 倍液限的疏浚土掺混 9%水泥+21%钢渣后,固化 28 d 可满足 100 kPa 的土体强度要求。

(4) 生石灰掺量影响:在特定组(20%-2∶8)中,以生石灰替代水泥的量从 10%增加到 20%进而到 30%时,160 d 龄期的固化土强度依次降低;在特定组中,当额外添加的生石灰量分别为 10%、20%、30%的水泥质量时,相应的强度依次增加。同时,在水泥-钢渣固化试样中,用少量生石灰替代水泥的生石灰+水泥+钢渣的固化试样与等量的水泥-钢渣固化土试样强度相当,经济性良好。

(5) 对于含水率较低(26%)的干挖土方,单掺 10%左右的生石灰便可获得最高 CBR 值,最高值可达 43%;对于含水率为 42%(1 倍液限)和 52.5%(1.25 倍液限)的疏浚土,经 6%水泥+14%钢渣熟化 28 d 后,再掺入 12%的生石灰便可获得最高 CBR 值,其最高值分别为 45%和 49%;对于含水率为 63%(1.5 倍液限)的疏浚土,经 9%水泥+21%钢渣熟化 28 d 后,掺入 8%的生石灰后,CBR 值可达 45%。按上述配合比拌和的疏浚土体可用作公路路堤填料。

(6) 采用水泥-钢渣-生石灰复合处理疏浚土作为路基填料的成本为 108.33 元/m³,而采用水泥固化土作为路基填料的成本为 134.3 元/m³,说明项目研制的疏浚土路基材料具有明显的经济性。

第 5 章
生态航道评价体系

随着社会的不断发展，河流的发展史也变得越来越复杂，人们逐渐对河流生态形成了保护意识。国内外的学者和科学家都开始对河流生态的保护展开探索，同时研究了许多关于生态航道的评价方法。科学合理地评价生态航道是生态航道发展史上不可或缺的一部分，对生态航道进行评价是最直接全面了解航道的方法。

5.1 生态航道概念

5.1.1 河流生态修复研究

早在19世纪中期，欧洲工业快速发展，对生态植被造成了破坏，引发了一系列洪水、泥石流等自然灾害。后来为了防洪，人类对河流开展了大规模的整治工程，如大量修建混凝土护岸、裁弯取直等，但随着时间的推移，这种整治措施的弊端越来越凸显，河流形态单一、生态结构被破坏导致河流水质变差、水中生物的数量和多样性减少，人们逐渐意识到河流生态保护的重要性。1938年，德国的Seifert[28]首先提出"近自然河溪治理"的概念——河流治理工程既要满足传统河流治理任务，还应接近自然、符合美学，而后德国正式创立了"近自然河道治理工程学"，提出河道的整治要符合植物化和生命化的原理。1962年，Odum等提出将生态系统自组织行为的生态学概念应用于工程中，首次提出"生态工程"的概念，强调河流治理工程应与生态学相结合。1965年，德国的Bittmann在莱茵河用芦苇和柳树进行了生物护岸实验。20世纪70年代末，瑞士学者在德国Bittmann"生物护岸法"的基础上提出"近自然工法"，即拆除已建的混凝土护岸，改修成柳树和自然石护岸。1989年，美国的Mitsch和Jorgensn[29]将由Odum提出的"生态工程"的概念完善并提出"生态工程"这一理论，为河流生态修复理论研究的发展奠定了基础，后续不断扩大发展的生态工程理论被应用于实际工程中，得到了很好的反响（如美国密西西比河的治理工程）。1986年，日本也开始向欧洲学习治理河流的方法，发展为"近自然工法"并进行广泛的普及与应用。经过多年的摸索与研究，国外的河流生态修复理论经过大量的实际工程应用后逐渐发展为一系列的工程规范与标准，我国据此摸索出一套适合本国河流特点的生态修复方案。

国内的河流生态修复理论在20世纪90年代才逐渐发展起来。1999年，刘树坤指出传统水利建设观念与21世纪经济快速发展的社会不相适应，存在的环境、生态等问题越发尖锐突出，从而提出"大水利"这一新概念——通过流域的综合整治与管理,完全发挥水系的资源功能、环境功能、生态功能,使人与自然相适应,实现流域的可持续发展。其随后发表的几篇文章基本构成了"大水利"的理论框架,他在访日报告中对河流生态修复的思路与方法也做了较为详尽的举例说明,给中国的河流生态修复理论研究开辟了一条道路。2003年,董哲仁提出了"生态水工学"的理论框架,将生态学与水工学进行融合,提出了水利工程与生态建设相结合后的研究路径与规划,给中国的河流生态修复理论研究指明了方向、奠定了基础。2006年,倪晋仁等采用层次分析法的基本思想,探讨了河流健康、河流功能、功能要素和生态修复措施四个层次的关系,同时指出了实现河流生态修复的步骤。2008年,董哲仁等提出了河流生态修复整体模型——水文—生物—生态功能河流连续体四维模型,系统阐述了水利工程对河流生态系统的胁迫及其机理,总结了河流生态修复规划原则与评估方法,以及河流廊道生态修复技术,对典型示范工程进行了简要介绍。

随着研究的进一步深入,我国的河流生态修复理论与实践活动由初始的理论探讨、整治框架阶段向具体的修复方法、手段和技术转变。近20年来,河流生态修复技术一直是研究热点,随着科技的发展,不断与各学科融合,在水质净化、生态河堤建设、生态景观设计和新材料的应用等研究领域取得了巨大的成功。国内也十分重视受损河流和水体的生态修复工作,并于2008年启动了以控制水体污染、维持河流健康为目标的重大科技专项——"水专项",努力摸索出一条适合我国河流特点的河流生态修复之路。

5.1.2 生态航道概念

2008年以前,我国大多都只是针对河流生态修复、河流健康开展研究,并没有把河流的航运功能也考虑进去。2008年,"生态航道"的概念被正式提出,大量关于生态航道的研究开始兴起。

2010年,河海大学张玮提出了"生态航道"的本质——不是简单地保护自然环境,而是在满足通航条件和采取必要的防洪、护岸等措施的同时,充分体现其生态性和人水和谐的特点,将人类对河流环境的干扰降低到最小,使得人与自然和谐相处。2015年,刘均卫[30]提出"生态航道"的概念,认为生态航道是在传统航道整治中加入生态学原理,根据河道现状与功能进行生态设计,在满足通航、防洪、排涝等需求的同时,兼顾生态系统健康这一需求,实现河道生态系统不断趋向更高水平的平衡。2017年,倪晋仁系统定义"生态航道",认为生态航道必须实现河流航运功能和河流其他诸多功能协调发展。

2020年，刘怀汉将生态航道定义为具有生物多样性、功能合理性、景观多样性、文化多样性等特征的现代化航道，生态航道是在保证畅通安全的基础上，基于生态学原理建立的自然和谐、绿色低碳的复合系统。2020年，刘金林等提出，生态航道系统指的是：河道中的水体通航部分、相关航道建筑物及维护设施对自然的影响降到最低，通航水体周边范围内的河道通过一定方法恢复或维持其原有生态环境，达到"人水和谐"状态的河道系统。目前，生态航道的概念还不统一，许多学者对其有不同的定义，相关理论研究还不够完善，需进一步深入研究探讨。

国内生态航道的建设比理论研究更先一步，尤其是长江生态航道建设，科研人员研发了一系列生态航道建设关键技术例如新型生态整治结构和环保施工技术，包括生态护岸、人工鱼巢、生态丁坝、拦污屏和水力清礁等，初步提出了一套航道生态监测、修复、补偿的常态化方法，编制了生态航道建设方面的《长江航道工程生态设计指南》和《长江生态航道施工指南》、生态航道管理方面的《长江生态航道环保工作指南》、生态航道养护方面的《长江干线重点河段航道维护跟踪观测分析工作管理办法》，在国家重点项目荆江一期航道整治工程、长江南京以下12.5 m深水航道整治工程、武汉至安庆段6 m水深航道整治工程中都有所实践，取得了很大的进步。

综上所述，生态航道是指在保证通航条件的前提下，充分体现生态性，最大程度维持其原有生态环境。

5.2 生态航道评价指标体系

5.2.1 指标选取的原则

评价航道建设的生态属性应该把握合理适度的评价原则。由于生态航道牵涉领域广，子系统相互作用，因此要从生态航道大量的影响指标中选出那些最重要的指标作为评价因子。指标的选择必须遵守以下原则：

（1）科学性原则。概念明确，能够较客观、真实地反映与航道建设息息相关的生态系统的内涵与基本特征。

（2）全面性原则。指标体系应当从各方面考量生态航道综合效益的影响，从"少胁迫，多增益"和合理的经济性角度考虑。

（3）系统性原则。按照系统论的理论与方法将众多评价指标分类，使评价体系具有清晰的层次关系。

(4) 代表性原则。厘清评价指标之间的主次关系、从属关系，挑选出最具有代表性的评价指标，力求确切反映出生态航道综合效益的现状。

(5) 独立性原则。建立评价体系时应当避免选择信息上存在过多重叠的指标，而应选择具有相对独立性的指标。

(6) 可行性原则。在选取指标时应当考虑在评价时能否确定指标值，若过分复杂、难以衡量，则应替换成其他指标。

(7) 目的性原则。在选择生态、社会、经济效益评价指标，建立综合评价体系时，要紧紧围绕生态航道综合效益评价这个目的。

5.2.2 评价指标的选取

评价指标的选取在遵从以上原则的基础上，考虑航道的不同功能、不同阶段的特点，选取通航特性、岸坡特性、水体特性、景观特性和可持续性5个方面，共14个指标进行分析。建成生态航道综合评价体系，如图5.2-1所示。

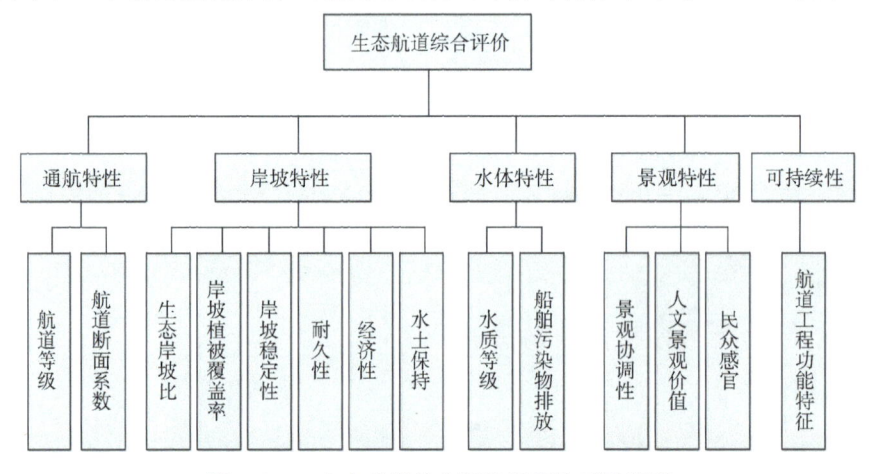

图 5.2-1　生态航道综合评价指标体系示意图

5.2.3 指标计算方法及评价参考因素

本节将具体阐释如何根据各个指标的参考因素确定其评价等级，最终将详细评分标准制成表格。

5.2.3.1 通航特性

(1) 航道等级

航道等级反映出的是航道的运输能力。表5.2-1为航道等级评分标准。

表 5.2-1 航道等级评分标准

指标	劣(0)	较差(25)	一般(50)	良好(75)	优秀(100)
航道等级	等外级航道	Ⅵ级、Ⅶ级	Ⅳ级、Ⅴ	Ⅲ级	Ⅱ级及以上

（2）航道断面系数

航道断面系数反映出航道对船舶航行的限制。计算航道断面系数，采用设计最低通航水位时过水断面面积与设计通航船舶或船队设计吃水时的横剖面浸水面积之比值：

$$P_2 = \frac{A_0}{A_1} \tag{5-1}$$

式中：P_2 为航道断面系数；A_0 为设计最低通航水位时，航道过水断面面积；A_1 为设计最低通航水位时，设计通航船舶或船队设计吃水时的横剖面浸水面积。

表 5.2-2 为航道断面系数赋分标准。

表 5.2-2 航道断面系数评分标准

指标	劣(0)	较差(25)	一般(50)	良好(75)	优秀(100)
通航条件	$P_2 < 4$	$4 \leqslant P_2 < 5$	$5 \leqslant P_2 < 6$	$6 \leqslant P_2 < 7$	$P_2 \geqslant 7$

5.2.3.2 岸坡特性

（1）生态岸坡比，属于定量指标。生态岸坡既有仅采用植物的自然护岸型式，也有将植物与土工材料相结合的护岸型式。常用的土工材料为干砌石、石笼、三维网植生带、生态混凝土、生态砌块等，常用的植物因地制宜，常采用当地适宜种植的植物。设航道护岸中自然岸坡或实施生态结构的长度为 K_1，总护岸长度为 K_0，根据生态结构利用率 P_3 划分评价等级，计算公式如下：

$$P_3 = \frac{K_1}{K_0} \tag{5-2}$$

表 5.2-3 生态岸坡比评分标准

指标	劣(0)	较差(25)	一般(50)	良好(75)	优秀(100)
生态岸坡比	$P_3 < 45\%$	$P_3 \geqslant 45\%$	$P_3 \geqslant 60\%$	$P_3 \geqslant 75\%$	$P_3 \geqslant 90\%$

(2) 岸坡植被覆盖率，属于定量指标。岸坡植被会削弱水流尤其是船行波对岸坡的冲刷，岸坡植被覆盖面积越大，水流对岸坡的冲刷程度越小。设岸坡植被覆盖面积为 S_1，总岸坡面积为 S_0，岸坡植被覆盖率为 P_4，依此划分评价等级：

$$P_4 = \frac{S_1}{S_0} \tag{5-3}$$

表 5.2-4　岸坡植被覆盖率评分标准

指标	劣(0)	较差(25)	一般(50)	良好(75)	优秀(100)
岸坡植被覆盖率	$P_4<30\%$	$P_4\geq30\%$	$P_4\geq50\%$	$P_4\geq70\%$	$P_4\geq90\%$

(3) 岸坡稳定性，属于定性指标，用于评价航道建管养过程中岸坡的稳定性。主要考察评价区域内有无崩岸、滑坡现象与危险。

表 5.2-5　岸坡稳定性评分标准

指标	劣(0)	较差(25)	一般(50)	良好(75)	优秀(100)
稳定性	出现大规模崩岸现象	个别地点发生小规模崩岸	无崩岸，但有部分地区存在崩岸的风险	少数地点有小型崩岸风险	无崩岸风险

(4) 耐久性，属于定性指标，根据岸坡表面的完整程度进行分级。

表 5.2-6　耐久性评分标准

指标	劣(0)	较差(25)	一般(50)	良好(75)	优秀(100)
耐久性	大片岸坡表面出现破坏	多处岸坡表面出现破坏	少数岸坡表面出现破坏	个别地点岸坡表面出现破坏	岸坡表面完整，无破坏

(5) 经济性，属于定性指标。在满足岸坡效果的前提下，应考虑以下特征：①工程量低；②能充分就地取材；③施工方便；④维护成本低。

表 5.2-7　经济性评分标准

指标	劣(0)	较差(25)	一般(50)	良好(75)	优秀(100)
经济性	不满足所有特征	满足任意1项特征	满足任意2项特征	满足任意3项特征	满足所有4项特征

(6) 水土保持，属于定性指标。根据《生产建设项目水土流失防治标准》(GB/T 50434—2018)，航道水土保持工程的目标包括水土流失治理度、土壤流失控制比、渣土防护率、表土保护率、林草植被恢复率、林草覆盖率这6项指

标,可根据这 6 项指标的达标个数(n)来划分评价等级。

表 5.2-8 水土保持的评分标准

指标	劣(0)	较差(25)	一般(50)	良好(75)	优秀(100)
水土保持	$n=0$	$n=1,2$	$n=3$	$n=4,5$	$n=6$

5.2.3.3 水体特性

(1) 水质等级,属于定性指标。依据《地表水环境质量标准》(GB 3838—2002),我国的水质标准从高到低分为Ⅰ、Ⅱ、Ⅲ、Ⅳ、Ⅴ五个等级,航道水质等级可参考国家地表水水质自动监测实时数据发布系统中的数据,若无法在系统中查询到相关信息则可通过当地的环境监测站进行水质监测,依此划分评价等级。

表 5.2-9 水质的评分标准

指标	劣(0)	一般(50)	良好(75)	优秀(100)
水质	劣Ⅴ类	Ⅴ类	Ⅳ类	Ⅲ类及以上

(2) 船舶污染物排放,属于定性指标。主要考察船舶航行时排放的含油污水、生活污水、含有毒液体物质的污水、船舶垃圾是否超过《船舶水污染物排放控制标准》(GB 3552—2018)所规定的限值,并依此划分评价等级。

表 5.2-10 船舶污染物排放的评分标准

指标	劣(0)	较差(25)	一般(50)	良好(75)	优秀(100)
船舶污染物排放	船舶航行废水等污染物均远大于排放标准规定的限值	船舶航行废水等污染物大部分大于排放标准规定的限值	船舶航行废水等污染物小部分大于排放标准规定的限值	船舶航行废水等污染物均小于排放标准规定的限值	船舶航行废水等污染物均远小于排放标准规定的限值

5.2.3.4 景观特性

(1) 景观协调性

通过现场察看,可从河道景观的观赏性、亲水性、感官表现、人水和谐等几个方面综合评价。

表 5.2-11　景观舒适度评分标准

指标	劣(0)	较差(25)	一般(50)	良好(75)	优秀(100)
景观舒适度	缺少亲水赏水设施	航道两岸景观观赏性差	景观一般,观赏性较差,亲水赏水设施较少	景观较自然和谐,具有观赏性,有亲水赏水设施	景观自然和谐,具有较强观赏性,有亲水赏水设施

（2）人文景观价值

在评价内河河段上,调研大运河文化遗产本体保护以及文化载体建设情况,统计具有人文价值的景观景点,可采取直接赋分法进行赋分。

表 5.2-12　人文景观价值评分标准

指标	劣(0)	较差(25)	一般(50)	良好(75)	优秀(100)
人文景观价值	缺少人文景观	人文景观价值低,文化遗产本体保护较少,有少量文化建设	人文景观较少,文化遗产本体保护一般,有部分文化建设	人文景观较多,文化遗产本体保护较好,文化建设具有较高价值	人文景观价值较高,文化遗产本体保护好,文化建设具有地区代表性

（3）民众感官

抽样调查河道流域内船民、居民在航道景观方面的满意程度。

表 5.2-13　民众感官评分标准

指标	劣(0)	较差(25)	一般(50)	良好(75)	优秀(100)
民众感官	很不满意	不满意	基本满意	较满意	满意

5.2.3.5　可持续性

航道工程功能特征,根据工程的完整性和功能发挥的程度进行定性判别。

表 5.2-14　航道工程现状评分标准

指标	劣(0)	较差(25)	一般(50)	良好(75)	优秀(100)
航道工程功能特征	多处严重破坏,工程基本失去原有功能	多处破坏,对功能发挥有明显不利影响	少数部位破坏,对功能发挥有一定影响	局部破坏,但不影响功能发挥	基本完好

5.3 权重的确定与评价结果

进行方案评价之前,首先应确定各个目标的权重。层次分析法是系统工程中对非定量事件做定量分析的一种简便方法,也是对人们的主观判断进行客观描述的一种有效方法。这一方法能够统一处理决策中的定性和定量因素,具有高度的逻辑性、系统性、灵活性和简洁性,适合在复杂系统的决策分析过程中使用。层次分析法的深刻理论内容与它的简单表现形式紧密联系在一起,深刻的理论内容确立了它在多准则决策领域的地位,简单的表现形式使得它拥有广泛的应用领域。

层次分析法首先将问题所涉及的各种复杂因素分组分层排列,每一组作为一个层次,并在分层以后逐层标明各层间元素间的联系;然后专家对每一层次中各元素的相对重要性作出判断,据此构造判断矩阵。判断矩阵的值一般采用1~9及其倒数的标度方法,数值1、3、5、7、9分别表示两个元素比较时前者较后者同等重要、稍重要、明显重要、强烈重要和极端重要,2、4、6、8则表示介于它们之间的情况。后者与前者比较的重要性标度采用上述各对应值的倒数表示。进而,针对每一具体层次,通过计算判断矩阵的特征值和特征向量对层次中各因素的重要性进行排序并得到相应的权重。为了检验权重设置的合理性,需要根据判断矩阵最大特征根所计算的一致性比例(CR),对判断矩阵进行一致性检验(若$CR<0.1$,则说明检验通过)。最后,为了得到层次结构中不同元素相对于层次总目标的相对重要性的综合权值,需将单一层次得到的结果进行组合,并通过总的一致性比例进行整个层次的一致性检验。

5.3.1 建立层次结构

为了运用层次分析法(AHP)进行系统分析,首先要将问题所涉及的各种复杂因素分组分层排列,每一组作为一个层次。一般情况可以划分为以下几个层次:①最高层,也称目标层,表明 AHP 所要达到的目标;②中间层,表明采用某种措施或政策来实现预定目标所涉及的中间环节,一般又称为策略层、约束层、准则层等;③最低层,表示解决问题的措施或政策,即指标层。分层以后要标明层间元素之间的联系。层次的数目和每层元素的数目与问题的复杂程度有关,也与所分析的详尽程度有关,通常每层中的元素一般不超过 9 个,这是因为若同一层中包含的元素过多,会给元素两两比较时的相对重要性判别带来困难。

5.3.2 构造判断矩阵

建立层次结构后,由专家、学者对每一层次中各元素的相互重要性作出判断,并写成矩阵形式,得到判断矩阵。判断矩阵表示的是相对于上一层次某一因素而言,本层次两两因素之间的相对重要性程度。判断矩阵元素的值一般采用1～9及其倒数的标度方法,具体含义如表5.3-1所示,表中各值的倒数表示对应两个因素相对重要性的相反情况。

表5.3-1 判断矩阵重要性标度及其含义

标度	含义
1	两个因素相比,具有同样的重要性
3	两个因素相比,一个因素比另一个因素重要一些
5	两个因素相比,一个因素比另一个因素明显重要
7	两个因素相比,一个因素比另一个因素重要得多
9	两个因素相比,一个因素比另一个因素极端重要
2,4,6,8	上述相邻判断的过渡

资料来源:Saaty于1980年的研究成果。

判断矩阵标度采用1～9是基于如下一些事实和科学依据:①人们在估计事物的区别时,常给出五种判断,即相等、较强、强、很强、绝对强。当需要更高精度时,还可以在相邻判断之间作出比较。总共有9个数字,它们有连贯性,可在实践中应用。②心理学家认为,人们在同时比较若干个对象时,能够区别差异的极限数量为7±2个,这样它们之间的差异正好可用9个数字表示。③Saaty还将1～9的标度方法与另外的26种标度方法进行比较,结果表明1～9标度方法能较好地将思维判断数量化。因此,1～9标度是可行的。

5.3.3 一致性检验

所谓层次单排序,是指对于上一层次某元素而言,根据判断矩阵计算本层次与之有关元素的相对重要性次序的权值,可归结为计算判断矩阵的特征值和特征向量。当判断矩阵具有完全一致性时,其最大特征值与矩阵阶数相等,但由于存在客观事物的复杂性和人们认识上的多样性,要求判断矩阵具有完全一致性是不可能的。不过我们应该要求具备一定程度上的判断一致，只有这样，AHP得出的结果才能基本合理。因此，需要对构造的判断矩阵进行一致性检验，基本步骤如下。

首先，计算一致性指标（CI），如式（5-4）：

$$CI=\frac{\lambda_{\max}-n}{n-1} \tag{5-4}$$

式中：CI 为一致性指标；$\lambda_{\max}$ 为最大特征值；n 为矩阵阶数。

然后，查找平均随机一致性指标（RI）。1～15 阶判断矩阵的 RI 值如表 5.3-2 所示。

表 5.3-2　1～15 阶判断矩阵的 *RI* 值

阶数	1	2	3	4	5	6	7	8
RI	0	0	0.52	0.89	1.12	1.26	1.36	1.41
阶数	9	10	11	12	13	14	15	
RI	1.46	1.49	1.52	1.54	1.56	1.58	1.59	

资料来源：朱德威于1988年的研究成果。

最后，计算一致性比例（CR），见式（5-5）：

$$CR=\frac{CI}{RI} \tag{5-5}$$

一般认为，当 CR＜0.1 时，判断矩阵具有满意的一致性，否则需要对判断矩阵进行调整。

5.3.4　生态航道评价模型权重确定

（1）准则层权重分配

遵照层次分析的方法与步骤，首先分配二级指标的权重，共五类：通航特性（B1）、岸坡特性（B2）、水体特性（B3）、景观特性（B4）和可持续性（B5）。二级指标之间的判断矩阵如表 5.3-3 所示。解得此判断矩阵的最大特征值为 5.000 0，单位特征向量为(0.1,0.4,0.2,0.2,0.1)。

表 5.3-3　通航水域、航标和整治工程之间的判断矩阵

A	B1	B2	B3	B4	B5
B1	1	0.25	0.5	0.5	1
B2	4	1	2	2	4
B3	2	0.5	1	1	2
B4	2	0.5	1	1	2
B5	1	0.25	0.5	0.5	1

(2) 指标层权重分配

通航特性(B1)指标包含：航道等级(C1)、航道断面系数(C2)。航道等级反映了航道的货运能力，航道断面系数反映了船舶航行效率，两个指标同等重要。表5.3-4为指标的判断矩阵，此判断矩阵的最大特征值为2.0000，单位特征向量为(0.333,0.667)。

表 5.3-4　航道条件指标判断矩阵

B1	C1	C2
C1	1	0.5
C2	2	1

岸坡特性(B2)包含6个指标：生态岸坡比(C3)、岸坡植被覆盖率(C4)、岸坡稳定性(C5)、耐久性(C6)、经济性(C7)、水土保持(C8)。生态岸坡比(C3)是航道岸坡生态性的主要指标，较为重要；岸坡植被覆盖率(C4)、岸坡稳定性(C5)、耐久性(C6)、水土保持(C8)是生态性的体现形式，重要性次之。表5.3-5为指标的判断矩阵。判断矩阵的最大特征值为6.0000，单位特征向量为(0.286,0.143,0.143,0.143,0.143,0.143)。

表 5.3-5　岸坡特性指标判断矩阵

B2	C3	C4	C5	C6	C7	C8
C3	1	2	2	2	2	2
C4	0.5	1	1	1	1	1
C5	0.5	1	1	1	1	1
C6	0.5	1	1	1	1	1
C7	0.5	1	1	1	1	1
C8	0.5	1	1	1	1	1

水体特性(B3)包含4个指标:水质等级(C9)、船舶污染物排放(C10)。水质等级(C9)和船舶污染物排放(C10)是水体生态特性的主要指标,同等重要。建立水体特性指标判断矩阵(表5.3-6),判断矩阵的最大特征值为2.0000,单位特征向量为(0.5,0.5)。

表5.3-6 水体特性指标判断矩阵

B3	C9	C10
C9	1	1
C10	1	1

景观特性(B4)包含3个指标:景观协调性(C11)、人文景观价值(C12)、民众感官(C13)。3个指标均可反映航道的景观效应,重要程度相同。指标判断矩阵如表5.3-7所示,判断矩阵的最大特征值为3.0000,单位特征向量为(0.333,0.333,0.333)。

表5.3-7 景观特性指标判断矩阵

B4	C11	C12	C13
C11	1	1	1
C12	1	1	1
C13	1	1	1

航道可持续性(B5)主要采用航道工程功能特征(C14)反映护岸等航道工程的完整程度以及养护特性。

(3) 评价体系权重汇总

各层一致性检验结果如表5.3-8所示,权向量组合相乘,整理得综合评价指标体系权重因子汇总情况,见表5.3-9。

表5.3-8 一致性检验结果

层次	特征向量	CI	RI	CR	判断标准	检验结果
A→B1	0.100	0.0000	1.12	0.0000	0.1	通过
A→B2	0.400	0.0000	1.12	0.0000	0.1	通过
A→B3	0.200	0.0000	1.12	0.0000	0.1	通过
A→B4	0.200	0.0000	1.12	0.0000	0.1	通过
A→B5	0.100	0.0000	1.12	0.0000	0.1	通过

续表

层次	特征向量	CI	RI	CR	判断标准	检验结果
B1→C1	0.333	0.000 0	0.00	0.000 0	0.1	通过
B1→C2	0.667	0.000 0	0.00	0.000 0	0.1	通过
B1→C3	0.286	0.000 0	1.26	0.000 0	0.1	通过
B2→C4	0.143	0.000 0	1.26	0.000 0	0.1	通过
B2→C5	0.143	0.000 0	1.26	0.000 0	0.1	通过
B2→C6	0.143	0.000 0	1.26	0.000 0	0.1	通过
B2→C7	0.143	0.000 0	1.26	0.000 0	0.1	通过
B2→C8	0.143	0.000 0	1.26	0.000 0	0.1	通过
B2→C9	0.500	0.000 0	0.00	0.000 0	0.1	通过
B3→C10	0.500	0.000 0	0.00	0.000 0	0.1	通过
B3→C11	0.333	0.000 0	0.52	0.000 0	0.1	通过
B4→C12	0.333	0.000 0	0.52	0.000 0	0.1	通过
B4→C13	0.333	0.000 0	0.52	0.000 0	0.1	通过
B4→C14	1.00	0.000 0	0.00	0.000 0	0.1	通过

表 5.3-9 京杭运河湖州段航道综合评价体系权重因子汇总

目标层	准则层	指标层	权重因子
生态航道评价(A)	通航特性(B1)	航道等级(C1)	0.033 3
		航道断面系数(C2)	0.066 7
	岸坡特性(B2)	生态岸坡比(C3)	0.114 4
		岸坡植被覆盖率(C4)	0.057 2
		岸坡稳定性(C5)	0.057 2
		耐久性(C6)	0.057 2
		经济性(C7)	0.057 2
		水土保持(C8)	0.057 2
	水体特性(B3)	水质等级(C9)	0.100 0
		船舶污染物排放(C10)	0.100 0
	景观特性(B4)	景观协调性(C11)	0.066 6
		人文景观价值(C12)	0.066 6
		民众感官(C13)	0.066 6
	可持续性(B5)	航道工程功能特征(C14)	0.100 0

5.3.5 评价结果及处理措施

利用多目标评价方法得出最终的综合得分：

$$I = \sum_{i=1}^{m} \omega_i \sum_{j=1}^{n} \omega_{ij} E_{ij} \tag{5-6}$$

式中：I 为对整个系统的评价值；E_{ij} 为对某一具体因子的评价值；ω_i、ω_{ij} 为权重因子。

将得到的权重与评分代入式(5-6)得到最终评分结果。生态航道评价结果分为"优""良""中""差""劣"5 个等级，本书采用的等级划分标准如表 5.3-3 所示。

表 5.3-3 评分标准划分

标准	优	良	中	差	劣
分数结果范围	85～100	70～84	70～60	60～30	<30

①等级评定为优，说明航道在通航特性、岸坡特性、水体特性、景观特性和可持续性等方面功能状态良好。

②等级评定为良，说明航道在通航特性、岸坡特性、水体特性、景观特性和可持续性等方面状态较好，但在某些方面还存在一定缺陷，应加强监测，防止航道生态功能退化。

③等级评定为中，说明航道在通航特性、岸坡特性、水体特性、景观特性和可持续性等方面处于中等状态，应针对某一方面的具体指标进行提升。

④等级评定为差，说明航道在通航特性、岸坡特性、水体特性、景观特性和可持续性等方面处于较差状态，航道生态不足，需要整体提升。

⑤等级评定为劣，说明航道在通航特性、岸坡特性、水体特性、景观特性和可持续性等方面存在非常严重的问题，相关部门需及时采取应对措施进行整治或调整通航设计。

5.4 京杭运河湖州段航道生态评价

5.4.1 研究航道概况

京杭运河浙江段三级航道整治工程湖州段利用原四级航道，起自江苏省吴江市、浙江省桐乡市和南浔区三地交界处的东瑶西村(桩号15K+325),经日晖桥、施浩桥、练市、含山、新市、塘栖,终于余杭区与德清县交界的武林头(桩号67K+393),总长度约52.1 km,中间涉及嘉兴、杭州及该两市的界河和插花段,湖州市建设三级航道里程约43.6 km。京杭运河湖州段航道自1996年至2000年全线按四级航道标准改造后,航道尺度已达到四级航道标准,航道最小水深2.5 m,航道基本断面宽60~80 m,一般河段底宽40 m。弯曲半径一般≥320 m,只有新市弯道及练市弯道各有一处为急弯,航道弯曲半径只有260 m左右。

京杭运河湖州段位于杭嘉湖平原水网区,区内湖、漾众多,河、港、汊纵横,地表水十分丰富。河道比降小,水流平缓,流向顺逆不定。洪水期水流由杭州市区、余杭镇、闲林镇、獐山镇方向流经塘栖,然后转入嘉兴、湖州或自武林头转入德清雷甸方向;枯水期可获得太湖水调节、补充,水流方向由嘉兴、湖州或德清方向流向杭州;常水位期基本无流速,常水位期约占全年的2/3。水位变幅小,历年水位变幅在2~3 m之间。运河水系水流平稳,水位稳定。

该区水域面积大,地表植被好,暴雨期由径流带入河道的泥沙很少,河流沿程冲淤变化甚微,河道断面稳定。但在局部水浅、河窄、无护岸河段,船行波对河岸有一定冲刷作用,岸坡破损、塌岸等会使少量泥沙落淤航槽。随着航道的全面治理,拓宽浚深和护岸后,减少了水流对河岸的冲刷,进入河道的泥沙将会减少。

京杭运河三级航道整治工程建成后,将有效提高京杭运河整体运输能力,实现与杭甬运河和钱塘江中上游航道的对接,完善浙江省及长三角地区的航道网体系,延伸省沿海港口的集疏运网络。京杭运河浙江段三级航道整治工程湖州段建设内容主要包括:在韶村、含山和齐界桥等航段进行线位比选并通过将三线航道面宽90 m优化为80 m面宽,在新市和练市航段合理运用技术指标(在满足标准的前提下优化弯曲半径)等,减少对土地资源的占用和减少拆迁;在护岸设计中通过采用U形钢板桩、U形预应力混凝土板桩和钢筋混凝土小板桩等减少浆砌块石的用量,体现了节约资源和环境友好的原则,并在护岸设计中根据航道面宽、船行波和地质条件等优化了新建护岸基础高程和结构,针对加固护岸因地制宜地采用了不同的结构,同时在护岸设计时在合适的位置考虑生态护岸。

5.4.2 湖州段航道综合评价结果

收集湖州段航道的特性参数,参考5.2.3节中的评分标准,采用专家打分法对各指标进行评分,评价结果如表 5.4-1 所示。最后按照层次分析法,计算得到综合评分为 88.1,生态航道等级为优秀。

表 5.4-1　京杭运河湖州段航道指标专家评分

指标层	很差(0)	较差(25)	一般(50)	良好(75)	优秀(100)	平均分
航道等级(C1)	0	0	0	10	0	75.0
航道断面系数(C2)	0	0	0	1	9	97.5
生态岸坡比(C3)	0	0	0	2	8	95.0
岸坡植被覆盖率(C4)	0	0	0	2	8	95.0
岸坡稳定性(C5)	0	0	0	2	8	95.0
耐久性(C6)	0	0	0	5	5	87.5
经济性(C7)	0	0	2	8	0	70.0
水土保持(C8)	0	0	0	2	8	95.0
水质等级(C9)	0	0	3	7	0	67.5
船舶污染物排放(C0)	0	0	0	2	8	95.0
景观协调性(C11)	0	0	0	5	5	87.5
人文景观价值(C12)	0	0	0	5	5	87.5
民众感官(C13)	0	0	0	4	6	90.0
航道工程功能特征(C14)	0	0	0	4	6	90.0

5.5　小结

本章考虑航道的不同功能以及不同阶段的特点,选取通航特性、岸坡特性、水体特性、景观特性和可持续性 5 个方面,共 14 个指标,建立了成套的生态航道综合评价体系。采用建立的评价体系对京杭运河湖州段进行评价,综合评价为 88.1,评价结果为优秀。

第 6 章
结 论

第6章 结论

本书依托京杭运河浙江段航道整治工程,针对航道治理过程的关键生态技术进行研究,结论如下:

(1) 采用 1 650 kg 粒径为 10~15 cm 的粗骨料,以 300 kg 水泥和 105 kg 水的配合比拌和,得到的 C10 强度等级的生态混凝土效果良好。采用 3 次喷淋 0.5% 的无毒环保的十二烷基苯磺酸钠溶液可有效降低植生混凝土的碱性,将其 pH 调节至 8.85,提高生态混凝土的植生性能。

(2) 通过试验得到两种适生材料:适生材料 A 在植生混凝土中的灌入深度为 9 cm 左右,孔隙填充率在 70% 以上;适生材料 B 在植生混凝土中的灌入深度为 7 cm 左右,孔隙填充率接近 50%。植生试验结果表明,适生材料 A 的营养物质含量更高且丰富,更利于植被的发芽和生长。

(3) 京杭运河浙江段护岸主要分为重力式护岸和桩基式护岸。重力式护岸结构坚固耐久;在航道水域不是很宽阔的区域,重力式护岸前沿形成直立结构;若地基土质条件较差、地基承载能力不满足要求时,可采用桩基+混凝土平台来形成基础,提高地基承载力。从生态角度考虑,预制混凝土开孔沉箱式护岸、组合工字形生态护岸、混凝土预制砌块挡墙护岸、京杭运河杭州段 E 型护岸、格宾石笼挡墙的生态性均较好。桩基加固护岸主要靠板桩沉入地基维持工作,适用于航道原有护岸需要进行加固处理的情况。为了减少桩顶部的位移,可以考虑灌注桩+小板桩的护岸方案。相对而言,松木桩护岸、京杭运河杭州段 C1 型护岸的生态性较好。此外,本章归纳提出京杭运河限制性航道采用双阶生态护岸型式,并对 A2 型护岸结构进行了生态优化。开展了植生生态混凝土和护岸结构生态优化示范,效果良好。

(4) 试验研究了疏浚土的固化特性:对于含水率超过 1.25 倍液限的疏浚土,掺混 9% 水泥+21% 钢渣的混合固化料,固化 7 d 即可满足 100 kPa 的土体强度要求。对于含水率为 42%(1 倍液限)的疏浚土,只需掺混 6% 水泥+14% 钢渣,固化 7 d 强度即可满足 100 kPa 的土体强度要求。对于工期要求相对宽松的工程,含水率为 63%(1.5 倍液限)的高含水率疏浚土,掺混 9% 水泥+21% 钢渣后,28 d 可满足 100 kPa 的土体强度要求。

(5) 在特定组(20%-2∶8)中,以生石灰替代水泥的量从 10% 增加到 20% 进而到 30% 时,160 d 龄期的固化土强度依次降低;在特定组中,额外添加的生石灰量分别是 10%、20%、30% 的水泥质量时,相应的强度依次增加。同时,在水泥-钢渣固化试样中,用少量生石灰替代水泥的生石灰+水泥+钢渣的固化试样与等量的水泥-钢渣固化土试样强度相当。

(6) 对于含水率较低(26%)的干挖土方,单掺 10% 左右的生石灰便可获得最高 CBR 值,最高值可达 43%;对于含水率为 42%(液限)和 52.5%(1.25 倍液限)的疏浚土,经 6%水泥+14%钢渣熟化 28 d 后,再掺入 12%的生石灰便可获得最高 CBR 值,其最高值分别为 45%和 49%;对于含水率为 63%(1.5 倍液限)的疏浚土,经 9%水泥+21%钢渣熟化 28 d 后,掺入 8%的生石灰后,CBR 值可达 45%。按上述配合比拌和的疏浚土体可用作公路路堤填料。

(7) 考虑航道的不同功能以及不同阶段的特点,选取通航特性、岸坡特性、水体特性、景观特性和可持续性 5 个方面,建立了成套的生态航道综合评价体系。

参考文献

[1] 葛红群,朱轶群.芦苇生态护坡在京杭运河两淮段治理工程中的应用[J].南通大学学报(自然科学版),2009,8(2):62-64.

[2] 陈勇,朱丽丽,张浩,等.生态护岸研究综述[J].中国水运(下半月),2024,24(6):82-84.

[3] 丁永和,罗业辉,刘晓飞,等.生态设计理念在盐河航道中的应用和研究[J].水运工程,2011(z1):151-156.

[4] 李庆刚.生态混凝土的研究现状与发展趋势[J].山西建筑,2007,33(4):183-184.

[5] 奚新国,许仲梓.低碱度多孔混凝土的研究[J].建筑材料学报,2003,6(1):86-89.

[6] 王桂玲,王龙志,张海霞,等.植生混凝土的配合比设计、碱度控制、植生土及植物选择[J].混凝土,2013(2):102-106.

[7] 王桂玲,王龙志,张海霞,等.植生混凝土用多孔混凝土的制备技术研究[J].混凝土,2013(3):96-98+102.

[8] 张翔宇,谢先当,史晓.用于屋顶的轻骨料植生型混凝土配合比设计研究[J].四川建筑科学研究,2017,43(4):126-130.

[9] 王蔚,刘海峰.植生型多孔混凝土配合比设计方法初探[J].江苏建筑,2005(1):46-48.

[10] 尹健,彭华.绿色生态混凝土试验研究[J].湘潭大学自然科学学报,2015(1):37-42.

[11] 高建明,吉伯海,吴春笃,等.植生型多孔混凝土性能的试验[J].江苏大学学报(自然科学版),2005,26(4):345-349.

[12] 徐荣进,刘荣桂,滕斌,等.生态混凝土在淹水区生态护坡工程中的应用研究[J].混凝土与水泥制品,2013(8):78-80.

[13] 何池全,智光源,钱光人.建筑垃圾制作植被生态混凝土的实验研究[J].建筑材料学报,2007(5):592-597.

[14] 黄海清.植草混凝土试验及其在小河流护坡中的应用[D].南昌:南昌工程学院,2017.

[15] 佟洁.植生型生态混凝土材料制备及其净水性能研究[D].大连:大连理工大学,2014.

[16] 李庆刚.生态混凝土水分保持与供水措施研究[D].南京:南京水利科学研究

院,2007.

[17] 段吉鸿,工琳,张学森,等.几种适合在红河州生态混凝土中生长的草本植物对重金属的富集[J].长江科学院院报,2016,33(8):34-37+41.

[18] 吴智仁,杨才千,贡经海,等.巢湖生态混凝土护堤示范工程的设计和应用[J].水利规划与设计,2009(6):42-44+63.

[19] 何广水,姚仕明.宽缝加筋生态混凝土河岸护坡技术开发应用[C]//2012全国河道治理与生态修复技术交流研讨会论文集.2012:23-28.

[20] 吴义锋,吕锡武,王新刚,等.4种生态混凝土护坡护砌方式的生态特性研究[J].安全与环境工程,2007,14(1):9-12+23.

[21] 林箐,王向荣.杭州江洋畈生态公园[J].城市环境设计,2009(9):122-123.

[22] 张春雷,管非凡,李磊,等.中国疏浚淤泥的处理处置及资源化利用进展[J].环境工程,2014,32(12):95-99.

[23] 肖葳,陈永辉,张婉璐,等.航道疏浚土路基填料化处理应用研究[J].施工技术,2016,45(S1):356-359.

[24] 张乐嫣.青义涪江特大桥施工对浓度场影响模拟研究[D].成都:西南交通大学,2012.

[25] 席英伟,付永胜.京沪高速铁路跨阳澄湖特大桥不同施工方案SS浓度场模拟研究[J].四川环境,2012,31(1):12-16.

[26] 许鹏山,许乐华.甘肃省生态航道建设思考[J].水运工程,2010(9):87-91.

[27] 朱孔贤,蒋敏,黎礼刚,等.生态航道层次分析评价指标体系初探[J].中国水运.航道科技,2016(2):10-14.

[28] SEIFERT A. Naturnäherer wasserbau[J]. Deutsche Wasserwirtschaft, 1983, 33(12): 361-366.

[29] ODUM H T. Ecological engineering and self-organization[C]//MITSCH W J, JORGENSEN S E. Ecological Engineering: An Introduction to Ecotechnology. New York: Wiley, 1989: 79-101.

[30] 刘均卫.长江生态航道发展探析[J].长江流域资源与环境,2015(S1):9-14.

[31] 姜正实,麻俊仁.河流生态修复技术研究进展[J].吉林水利,2008(12):19-21.

[32] 梁开明,章家恩,赵本良,等.河流生态护岸研究进展综述[J].热带地理,2014(1):116-122+129.

[33] WAN X, YANG T, ZHANG Q, et al. A novel comprehensive model of set pair analysis with extenics for river health evaluation and prediction of semi-arid basin-A case study of Wei River Basin, China[J]. Science of the Total Environment, 2021, 775: 145845.

[34] KARR J R. Defining and measuring river health[J]. Freshwater Biology, 1999, 41(2): 221-234.

[35] PALMER M A, BERNHARDT E S, ALLAN J D, et al. Standards for ecologically successful river restoration[J]. Journal of Applied Ecology, 2005, 42(2):208-217.

[36] FAIRWEATHER P G. State of environment indicators of 'river health': exploring the metaphor[J]. Freshwater Biology, 1999, 41(2): 211-220.

[37] ZUCCHETTO J J. Ecological engineering:Ecological engineering: An introduction to ecotechnology: W. J. Mitsch and S. E. Jørgensen (Editors)[J]. Ecological Modelling, 1991, 59(1-2): 148-150.

[38] SINGH R, TIWARI A K, SINGH G S. Managing riparian zones for river health improvement: an integrated approach[J]. Landscape and Ecological Engineering, 2021, 17(2): 195-223.

[39] 何蘅,陈德春,魏文白. 生态护坡及其在城市河道整治中的应用[J]. 水资源保护, 2005,21(6):60-62.

[40] 董哲仁. 生态水工学的理论框架[J]. 水利学报,2003(1):1-6.

[41] 严登华,窦鹏,崔保山,等. 内河生态航道建设理论框架及关键问题[J]. 北京师范大学学报(自然科学版),2018,54(6):755-763.

[42] 薛智博. 生态航道内涵与发展理念分析[J]. 珠江水运,2018(20):105-107.

[43] 王勍,黄伟,陆纪腾,等. 荆江河段航道整治工程生态保护措施及效果[J]. 中国港湾建设,2020,40(1):1-4.

[44] 林武. 长江南京以下12.5 m深水航道工程生态型软体排结构的研发及应用[J]. 中国水运. 航道科技,2019(4):50-55.

[45] 王健. 大运河文化遗产的分层保护与发展[J]. 淮阴工学院学报,2008,17(2):1-6.

[46] 彭超,徐洲平. 生态袋挡墙护坡技术在运河航道整治工程中的应用[J]. 水利规划与设计,2010(5):100-102.

[47] 蔡守华,胡欣. 河流健康的概念及指标体系和评价方法[J]. 水利水电科技进展,2008, 28(1):23-27.

[48] KARR J R. Assessment of biotic integrity using fish communities[J]. Fisheries, 1981,6(6):21-27.

[49] KINGSFORD R T. Aerial survey of waterbirds on wetlands as a measure of river and floodplain health[J]. Freshwater Biology, 1999, 41(2): 425-438.

[50] PRTERSEN R C. The RCE: a riparian, channel, andenvironmrntal inventory for small streams in the agriculturalandscape[J]. Freshwater Biology, 1992, 27(2): 295-306.

[51] 李春晖,崔嵬,庞爱萍,等. 流域生态健康评价理论与方法研究进展[J]. 地理科学进展,2008,27(1):9-17.

[52] 刘念,李天宏,匡舒雅. 长江中下游武安段生态航道评价[J]. 北京大学学报(自然科学版),2021,57(3):489-495.

[53] 金莹,李少斌. 基于灰色关联法的内河航道生态型护岸评价研究[J]. 中国水运(下半

月),2016,16(3):243-246.

[54] 张淞元,谢孝如,吕志方.基于生态足迹法的长江干线武汉至安庆段航道整治工程评价[J].水运管理,2019,41(5):23-26.

[55] 侯珏.基于云模型的航道绿色生态发展评价研究[J].交通节能与环保,2016,12(2):40-45.

[56] 刘玉倩,陈玺文."生态足迹法"评价内河航道工程[J].中国水运(下半月),2017,17(5):154-156.

[57] 傅为忠,储刘平.长三角一体化视角下制造业高质量发展评价研究——基于改进的CRITIC-熵权法组合权重的TOPSIS评价模型[J].工业技术经济,2020,39(9):145-152.

[58] 李天宏,薛晶,夏炜,等.组合赋权法-木桶综合指数法在长江生态航道评价中的应用[J].应用基础与工程科学学报,2019,27(1):36-49.

[59] MCCULLOCH W S, PITTS W H. A logical calculus of the ideas immanent in nervous activity[J]. The Bulletin of Mathematical Biophysics, 1943, 5(4): 115-133.

[60] 李嘉东.基于过采样随机森林的工业上市企业财务危机预警模型理论与实证研究[D].济南:山东大学,2020.

[61] ZHANG H, ZHOU R. The analysis and optimization of decision tree based on ID3 algorithm[C]// IEEE. Proceedings of the 9th International Conference on Modelling, Identification and Control, 2017: 1121-1131.

[62] PANG J, CHEN Y, HE S, et al. Classification of Friction and Wear State of Wind Turbine Gearboxes Using Decision Tree and Random Forest Algorithms[J]. Journal of Tribology, 2021, 143(9): 091702.

[63] 王宏,张强,王颖,等.基于ELM的改进CART决策树回归算法[J].计算机系统应用,2021,30(2):201-206.

[64] MORRIS R G M. D. O. Hebb: The Organization of Behavior, Wiley: New York; 1949[J]. Brain Research Bulletin, 1999, 50(5): 437.

[65] RUMELHART D E, HINTON G E, WILLIAMS R J. Learning representations by back-propagating errors[J]. Nature, 1986, 323(6088): 533-536.

[66] ROSENBLATT F. The perceptron: A probabilistic model for information storage and organization in the brain[J]. Psychological Review, 1958, 65(6): 386-408.

[67] QIN J, WU T, ZHONG D. Spectral behavior of gravel dunes[J]. Geomorphology, 2015, 231: 331-342.

[68] HOPFIELD J J. Neural networks and physical systems with emergent collective computational abilities[J]. Proceedings of National Academy of Science, 1982, 79(8): 2554-2558.

[69] 焦李成,杨淑媛,刘芳,等.神经网络七十年:回顾与展望[J].计算机学报,2016,39

(8):1697-1716.

[70] 姚田成,谭均军,王慧敏,等.基于BP神经网络预测水电站对库表水温及鱼类活动影响——以三峡库区宜昌站为例[J].水利科技与经济,2021,27(1):78-84.

[71] HUBEL D H, WIESEL T N. Receptive fields, binocular interaction and functional architecture in the cat's visual cortex[J]. The Journal of physiology, 1962, 160(1):106-154.

[72] 张顺,龚怡宏,王进军.深度卷积神经网络的发展及其在计算机视觉领域的应用[J].计算机学报,2019,42(3):453-482.

[73] 石祥滨,房雪键,张德园,等.基于深度学习混合模型迁移学习的图像分类[J].系统仿真学报,2016,28(1):167-173+182.

[74] 孟祥锐,张树清,臧淑英.基于卷积神经网络和高分辨率影像的湿地群落遥感分类——以洪河湿地为例[J].地理科学,2018,38(11):1914-1923.

[75] 业巧林,许等平,张冬.基于深度学习特征和支持向量机的遥感图像分类[J].林业工程学报,2019,4(2):119-125.

[76] 徐风,苗哲,业巧林.基于卷积注意力模块的端到端遥感图像分类[J].林业工程学报,2020,5(4):133-138.

[77] 李晓阳,谢恒义,韩贞辉,等.卷积神经网络在图像识别技术中的应用研究[J].能源与环保,2020,42(6):73-76.

[78] 张德园,常云翔,张利国,等.SAT-CNN:基于卷积神经网络的遥感图像分类算法[J].小型微型计算机系统,2018,39(4):859-864.

[79] 李敏生,刘斌.BP学习算法的改进与应用[J].北京理工大学学报,1999,19(6):721-724.

[80] 汤丽妮,张礼清,王卓.人工神经网络在生态环境质量评价中的应用[J].四川环境,2003(3):69-72.

[81] 马睿,李云玲,贾冬冬,等.基于多指标的黄河流域空间均衡状态评价[J].南水北调与水利科技(中英文),2021,(1):1-14.

[82] 李丽,张海涛.基于BP人工神经网络的小城镇生态环境质量评价模型[J].应用生态学报,2008,19(12):2693-2698.

[83] 李霞,韩信悦,丰良维,等.长株潭城市群生态宜居水平综合评价[J].四川环境,2021,40(1):163-168.

[84] HOSCAN O, SALIHA C. Determination of emergency assembly point for industrial accidents with AHP analysis[J]. Journal of Loss Prevention in the Process Industries, 2021, 69(1).

[85] 李智,张书铭,李雪,等.基于AHP与德尔菲法下韧性管廊评价[J].山西建筑,2021,47(5):187-189.

[86] 唐怡,谭程亮.基于AHP和模糊综合评价模型的滇中地区节水评价[J].水资源开发与管理,2021(2):26-30.